ビジネスで信頼される
ファーストクラスの英会話

荒井弥栄

祥伝社黄金文庫

はじめまして

はじめまして…荒井弥栄です。
10年以上の日本航空国際線のCA（キャビン・アテンダント）生活の中で、何度、パリのエルメスやルイ・ヴィトンの本店で、日本人の団体旅行者が「ハウマッチ？」「これ、なんぼ？」「ディスカウント！ ディスカウント！」などと言い、美しいフランス人の店員さんたちに露骨に嫌な顔をされているのを見たことでしょう。
そして、何度お買い物やレストランで店員さんと会話をするたびに「Are you Chinese?（中国人？）」と、聞かれたことでしょう（なぜ中国人かと聞いたのかと尋ねると…私が中国人に似ているからではないですよ…決まって答えは「流暢に英語が話せるから…」。つまり日本人は流暢に英語を話せないと、海の向こうでは思われているということ…？）。
さらに英語講師になってからは、体験授業で「日常英会話には困ってないんですよ〜」という上品なマダムの生徒さんから「Are your parents still living?」と聞かれて、度肝を抜かれて、引いてしまったり（ご本人は「ご両親はご健在ですか？」と、聞いているつもりですが、実際には「あなたの両親、まだ生きてるわけ？」という意味に聞こえて

います)。
外資系にお勤めの生徒さんに「How are you today?」とご挨拶したら「I am sick.」と言われ本気で心配したら、本人はただの寝不足で実は「I am not feeling well.（気分が良くないのです）」と言うつもりが、くだんの表現になっていたりとか…（I am sick.と言ったら、何か深刻な病気にかかっているように聞こえてしまいます）。
こんな体験の数々から、「日本人の英語はこのままでいいの？」と、ずっと感じていました。
それらのマイナスなイメージの経験とは対照的に、CA時代、ファーストクラスに乗っていらっしゃる欧米人の方々の、上品で美しい英語の言い回しに、まるで素敵な音楽でも聞いているかのようにうっとりしながら、「この英語を日本人が習得できれば、世界中のどこの国のどんなホテルやお店に行っても、きっと丁寧に対応してもらえて、本人もお店の人も気持ちのよいひと時を共有できるのに」「こんな表現をビジネスマンの方々が使ったら、きっと商談でも自信を持って取引ができて、成功するだろうに」とも、感じていました。
以来、授業では常に日本人の考える英文のニュアンスと、ネイティブが受け取る英文のニュアンスの違いについて、そして、「品のある英語」について、成人の生徒さんたちには教えさせていただきました。
ビジネスで英語を使う方々にも、ニュアンスの相違からお仕事で失敗したりしないように、たくさんの誤解の事例を元にレッスンをさせていただき、皆さん、異口同音に「こんな英語を知っていたら、あんなミスはしなかったのに…」「中学からこんなふうに英語を教えてもらっていたら

…」と、おっしゃってくださいました。
そんな数々の失敗例と、どうしたらそれらを品のある、相手に好感を持たれる英語にできるのかを、この本では書かせていただきました。特に、ビジネスで英語を使う方々には、疑いもなく使っていた表現が、実は「しまった!!」という結果にならないように、という思いを込めて書かせていただきました。
私のCA時代の面白いエピソード、英会話に必須のボキャブラリー・イディオム・文法も混ぜながら、90日で皆さんの英語がファーストクラスの英会話になるように、盛りだくさんの内容になるように、書かせていただいたつもりです。
1日1つの項目で、がんばって90日間続けてください。きっとその先には、実力アップしたあなたがいるはずです。皆様が自信を持って英語を話せるようになりますように…。
巻末の音声ダウンロードは私自身の発音で英文を読んでおります。ぜひ、ご活用ください。

最後に、週刊朝日の連載コラム「Yaeのビューティフル『英語脳』」から、私を発見してくださり、この機会を与えてくださった祥伝社黄金文庫の吉田編集長、今年他界した私の最愛の祖母、まだJALでフライトしている生涯無二の親友、今までずっと私を応援してくださり、支えてくださった皆様、そして、この本を手に取ってくださったあなたに、感謝の気持ちを込めて…。

2010年8月　盛夏

荒井弥栄

Yae Arai

本書の使い方

本書は日本人がビジネスシーンや外国人の方とのお付き合いの時に、普通に使っている英語表現で、実はネイティブにはとんでもない聞こえ方、受け取られ方をしている90表現を集めて、ネイティブの方が聞いても誤解のないよりよい言い換えの表現を紹介、解説しています。

まず、日本人がビジネスのあるシチュエーションで知らずに使ってしまっている①好ましくない英文を紹介、その下の②「EXPLANATION」や「EPISODE」で解説していま

SITUATION
70

「それは私の性には合わないのですが」と、興味がないことを伝えたいのに…

{ **I don't care.**
「そんなのどうでもいいじゃない」 }

と、ちょっとピントが外れた言い方をしていませんか？

► E X P L A N A T I O N

この "I don't care." は状況によって解釈の仕方が変わってくるので、使う時には注意が必要です。例えば、
Nick: I am sorry, I'm late. 遅れてごめんなさい。
Ann: I don't care. 気にしてないですよ。
ならば、相手の気持ちを楽にさせられます。
Eric: Do you know your ex-wife married last week?
君の前の奥さん、先週結婚したの知ってる？
Martin: I don't care. どうでもいいことだよ。
この場合には「関係ない、どうでもいい」という意味で使われています。しかも、単語一つひとつの語調を強くして、切って発音すると、特に「どうでもいいんだ！」という雰囲気が増します、まったく同じセンテンスなのに、ここまで違ってしまいます。

160

す。そして、好ましい表現を③「Business Class」として紹介、さらにワンランク上の最適な表現を④「First Class」として紹介しています。

さらに⑤「One Pointアドバイス」や「知っておくと便利!!」などのおまけの情報をつけています。

この「ファーストクラスの英会話」でネイティブの方と話すことができれば、きっとあなたの評価も変わり、ビジネスでの信頼も増すことでしょう。

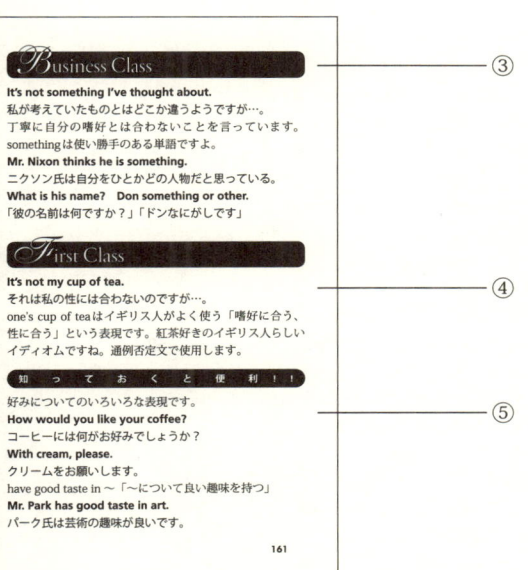

Business Class — ③

It's not something I've thought about.
私が考えていたものとはどこか違うようですが…。
丁寧に自分の嗜好とは合わないことを言っています。
somethingは使い勝手のある単語ですよ。
Mr. Nixon thinks he is something.
ニクソン氏は自分をひとかどの人物だと思っている。
What is his name? Don something or other.
「彼の名前は何ですか?」「ドンなにがしです」

First Class — ④

It's not my cup of tea.
それは私の性には合わないのですが…。
one's cup of teaはイギリス人がよく使う「嗜好に合う、性に合う」という表現です。紅茶好きのイギリス人らしいイディオムですね。通例否定文で使用します。

知っておくと便利!! — ⑤

好みについてのいろいろな表現です。
How would you like your coffee?
コーヒーには何がお好みでしょうか?
With cream, please.
クリームをお願いします。
have good taste in 〜「〜について良い趣味を持つ」
Mr. Park has good taste in art.
パーク氏は芸術の趣味が良いです。

はじめまして——3
本書の使い方——6

PART 1 まずは基本の30フレーズ レッツ チャレンジ！

- SITUATION 01 同意できません——12
- SITUATION 02 すぐに書類を調べてくれませんか——14
- SITUATION 03 11時にいらしてください——16
- SITUATION 04 お座りください——18
- SITUATION 05 今日残業してください——20
- SITUATION 06 あとどのくらいかかりそうですか？——22
- SITUATION 07 この提案はいまひとつですね——24
- SITUATION 08 この企画はいかがでしょうか？——26
- SITUATION 09 社長にお目にかかりたいのですが——28
- SITUATION 10 ありがとうございます——30
- SITUATION 11 もう一度おっしゃってくださいますか——32
- SITUATION 12 あなたのおっしゃる内容が分からないのですが——34
- SITUATION 13 すばらしいですね——36
- SITUATION 14 私は会社を経営しています——38
- SITUATION 15 もう少しゆっくりお話しくださいますか——40
- SITUATION 16 この仕事を始めていただくと助かるのですが——42
- SITUATION 17 他の方法でやってみましょうか——44
- SITUATION 18 すべての注文を迅速(じんそく)に処理することを目標にがんばります——46
- SITUATION 19 お名刺をちょうだいできますか？——48
- SITUATION 20 この書類をコピーしていただけますか？——50
- SITUATION 21 この商品についての意見をお聞かせください——52
- SITUATION 22 苦情があります——54
- SITUATION 23 今日はそれをする時間が少しならあります——56
- SITUATION 24 話題を変えませんか？——58
- SITUATION 25 心配しましたよ——60
- SITUATION 26 今日の課題はこの販売戦略についてです——62
- SITUATION 27 気持ちを落ち着けましょう——64
- SITUATION 28 コイルさんは気さくな優しい人ですよね——66
- SITUATION 29 もう一度やってみましょう——68
- SITUATION 30 そろそろ仕事に戻りましょうか——70

コラム1「関白おじ様、熟年離婚されても知りませんよ」——72

PART 2 ビジネス現場で役立つ 30 フレーズ さあ、どんどん行きましょう！

- SITUATION 31 他の方に依頼したほうがよいと思うのですが──76
- SITUATION 32 （ご準備が）よろしければこちらにどうぞ──78
- SITUATION 33 お聞きいただけますでしょうか？──80
- SITUATION 34 （同僚の）上野さんはファックスを修理してくれています──82
- SITUATION 35 新しいパンフレットについてよく検討してください──84
- SITUATION 36 予算について教えていただきたいのですが──86
- SITUATION 37 お話ししたことはお分かりいただけましたか？──88
- SITUATION 38 当社は午後6時まで営業いたしております──90
- SITUATION 39 自分でなんとかします──92
- SITUATION 40 少し手伝っていただけませんでしょうか？──94
- SITUATION 41 新製品で利益を上げることを目指してがんばります──96
- SITUATION 42 さあ、会議を終わりにしましょう──98
- SITUATION 43 私は自分の経営する会社が好きです──100
- SITUATION 44 この仕事は大変だな（でも、やりがいがあるな）──102
- SITUATION 45 （電話で）どちらさまですか？──104
- SITUATION 46 （電話で）接続が悪いようなのですが──106
- SITUATION 47 （電話で）ホワイトさんとお話ししたいのですが──108
- SITUATION 48 彼女は今、他の電話に出ておりますが──110
- SITUATION 49 （電話で）間違えておかけのようですが──112
- SITUATION 50 （電話で）クリスはもうこちらには勤務しておりません──114
- SITUATION 51 私のお給料は安いです──116
- SITUATION 52 （申し訳ないけれど）お手伝いできないのです──118
- SITUATION 53 販売促進キャンペーンを始めましょう──120
- SITUATION 54 情勢悪化に陥ってしまっています──122
- SITUATION 55 これに関してひとことコメントを述べてもよいでしょうか──124
- SITUATION 56 どなたが在庫管理をなさっているのですか？──126
- SITUATION 57 見積書を提出していただけますか──128
- SITUATION 58 少し時間をくださいますか？──130
- SITUATION 59 いつ納品していただけますか？──132
- SITUATION 60 急ぎましょう──134

コラム 2 「大物組長の機内での紳士ぶりに感激！」──136

PART 3 　{ 実力が身につくラスト30フレーズ　最後までがんばって！ }

SITUATION 61 彼は私たちの人事部長です──140
SITUATION 62 もっと考えて行動すべきでした──142
SITUATION 63 値段の交渉が必要ですね──144
SITUATION 64 ここだけの話にしてください──146
SITUATION 65 どうして、いらっしゃらなかったのですか？──148
SITUATION 66 お仕事は何をしていらっしゃるのですか？──150
SITUATION 67 それは信じがたいのですが(ありえなくもないかも…)──152
SITUATION 68 あなたのためにできることがあればなんでもしますよ──154
SITUATION 69 申し訳ないのですが、できません──156
SITUATION 70 誰か私のメモ用紙をご存じないですか？──158
SITUATION 71 それは私の性に合わないのですが──160
SITUATION 72 今日は行けませんが、ぜひ、また誘ってください──162
SITUATION 73 それを忘れないようにしてください──164
SITUATION 74 昨日は具合が悪かったのです──166
SITUATION 75 今晩お酒を少しいかがですか？──168
SITUATION 76 ちょっとお聞きしたいことがあるのですが──170
SITUATION 77 それは確かでしょうか？──172
SITUATION 78 少し1人にしていただけますか──174
SITUATION 79 プレゼンテーションは期待したほどではなかったですね──176
SITUATION 80 いらっしゃれますか？──178
SITUATION 81 お気に障ることを申し上げましたでしょうか？──180
SITUATION 82 少しの間、席を外していただけますか？──182
SITUATION 83 すみませんが通していただけますか？──184
SITUATION 84 私用電話はお控えください──186
SITUATION 85 退屈しました──188
SITUATION 86 ハリスさんはお亡くなりになりました──190
SITUATION 87 それは私の好みではありません──192
SITUATION 88 少々お待ちいただいてもよろしいでしょうか？──194
SITUATION 89 その本はすばらしくて、読む価値がありました──196
SITUATION 90 私は広告代理店を経営しています──198
　　　　　コラム3 「CAは知っている『手間とシートクラスの法則』」──200

ファーストクラスの英会話

PART 1

まずは基本の30フレーズ
レッツ チャレンジ!

SITUATION 01

会議などで相手の意見に反対であることを伝えたい時に「同意できません」と言ったつもりが…

{ **I disagree with you.**
「あなたには全面的に反対!」 }

と、ケンカを売っていませんか?

▶ E X P L A N A T I O N

英語は、どんな時でもはっきりと意見を述べる言語だと思っていませんか? こういう反対意見を述べる時には、日本語でも言い回しに注意しますよね? 英語も同じです。上記のような言い方では、揉め事に発展する可能性が大です。
"I do not agree with you."「あなたには反対です」も同じようにお勧めできない表現です。agreeには面白い表現がありますよ。"agree like cats and dogs"で「大変仲が悪い」という意味です。日本語では犬猿の仲と言いますが英語では猫と犬に譬えるのですね。それから、意見の一致しない議論を止めたい時に、"agree to disagree (differ)"「見解の相違であると、お互いに認める」も、よくビジネスでは使います。覚えておきましょう。

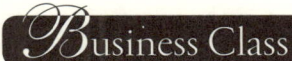

I can't agree with you.
同意できかねます。
I think we may have a disagreement.
私たちには意見の相違があるようですね。
どちらも相手を不快にさせない点では及第点です。ただ、まだ直接的な言い方だと思いませんか？

I am afraid (that) I can't agree with you.
残念なのですが、あなたに賛同しかねます。
I am afraidはいろいろな場面で使える「残念ながら〜です」という表現。必ずthat節の内容は喜ばしくないことを入れてくださいね。
I am afraid that it will happen.
残念ながらそれは起こりそうですね…。
I have a different view on this point.
私はこの件には別の見解を持っています。
agreeもdisagreeも使わないでやんわりと反対意見を述べる非常に丁寧で賢い表現ですね。ぜひこれは仕事のデキる人になるために、マスターしていただきたい言い回しです。

SITUATION 02

相手に「すぐに書類を調べてくれませんか」と言ったつもりが…

Please check the papers now.

「すぐに書類を調べてよ」

と、命令調に言っていませんか？

▶ EPISODE

最近はビジネスクラスに乗る子どもたちが増えています。良い悪いは別として、人に物を頼む時に「〜ください」すら言えずに(そういう子なのでもちろん「ありがとうございました」も言えません)「アップルジュース！」と言われれば出すのがCAのお仕事(でも、私は「アップルジュースがどうしたのかな？」などと、物の頼み方を遠まわしに教えたりしたのですが…)。大人でもこういう方はいらっしゃいます。「雑誌」とだけ吐き捨てるようにおっしゃる殿方。先輩は機内で誰も読まないのでいつもラックに残されている「囲碁」を持っていって、「こちらでよろしいでしょうか」と、JALスマイルで言っていました。お客様の反応？「週刊朝日ちょうだい」と、言い換えていらっしゃいました。

Business Class

I would like you to check the papers now.
書類をすぐに調べてほしいんだけど…。
Could you check the papers now?
すぐに書類を調べてくれるかな？
どちらもスタンダードなレベルには達している表現ですね。

First Class

Could you check the papers now, if you would?
申し訳ございませんが、すぐに書類を調べてもらえますか？
Could you check the papers now, if possible?
もし可能でしたら、すぐに書類を調べてもらえますか？
書類はpapersですが、文書はdocument、記録はrecordです。欧米人は文書と記録の区別を明確にしていて、きちんと使い分けています。皆さんは大丈夫ですか？
You should edit your document by a computer.
コンピューターで文書を編集したほうがいいですよ。
The company has a record of 100 years behind its reputation.
その会社の評判が良い背景には、100年の実績があるのです。

15

SITUATION 03

取引相手に「11時にいらしてください」と言ったつもりが…

I expect you to come at 11:00.
「11時に遅れないで来てよね」

と、エラそうに言っていませんか?

▶ E X P L A N A T I O N

この "expect" の使い方は、普通は目上の人が目下の人に使うならばOKですが、その他の場面で使うと、相手にはとてもきつく聞こえます。ニュアンス的には「遅れたりしないでよね」という言い手の気持ちが見え隠れしてしまいます。

"expect" も会話では非常に頻出の単語です。

What else could you expect?
他に何か考えられますでしょうか?

You should not expect so much for little.
海老で鯛を釣るなんて、期待すべきじゃないよ(海老で鯛を釣るに似た表現には "Venture a small fish and catch a great one." や "Throw a sprat to catch a whale." があります。イメージが湧きやすいですね)。

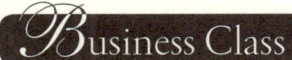

You need to come here at 11:00.
11時にここに来てください。
Please be sure to come here at 11:00.
どうぞ11時に必ず来てください。
約束通りに来てほしい感じがよく出ていますね。しかし、これも自分の都合だけを押し付けている感じが否めませんね。"need"にもいろいろな表現があります。
"A friend in need is a friend indeed."「困った時の友こそ真の友」という諺もありますね。
We needn't have done it.
私たちはそれをする必要はなかったのに…（実際はそうしてしまった）。

I wish you could come here at 11:00.
11時にいらしていただけないでしょうか？
これは過去形ですが、過去を表しているのではありません。過去形にすることによって、距離感を出し、遠まわしに言うことが可能になります。相手の状況も考えた丁寧な依頼の表現です。
I wondered if you could help me.
手伝っていただけないかと思ったのですが…。
そういえば日本語でも最近は「〜でよろしかったでしょうか？」と、よくお店で耳にしますね…これも丁寧語？？
私はどうも違和感を覚えます。

17

SITUATION 04

スピーチなどで聴衆に向かって着席を促(うなが)したい時に「お座りください」と言ったつもりが…

Sit down, please.
「座りなさいよ!」

と、きつく言っていませんか?

▶ E P I S O D E

確かに中学校の教科書では、このように習いましたね…。でも、これはそれこそ学校の先生が生徒に使うフレーズです。ビジネスの場面では到底ふさわしくありません。しかし、CA時代にはこれを使わざるを得ない時もありました。そう、タービュランス(turbulence)の時です。ベルトサインが点灯してもなお、離席してお化粧室などに行こうとなさる方には保安員である以上、座っていただかなくてはなりません。でも、"The seat belt sign is now on." と、ちゃんと理由を説明してから、言いましたよ。マーフィーの法則ではないですが、なぜかお客様の中にはベルトサインが点灯すると、立ち上がってお化粧室へ行きたがる方が多かったですね〜。お気をつけあそばせ…。

Business Class

Please have a seat.
Please take a seat.
どうぞお座りください。
丁寧で正式な言い方です。一般的なミーティングでしたらこの表現で十分ですが、状況からすると少し不十分ですね。

First Class

Please be seated.
どうぞご着席ください。
状況設定が講演会などでスピーチする場合の、聴衆への声かけですので、この表現が一番正式なものとなります。この表現は法廷でも使われますし、形式を重んじる会社の面接などでも、面接官が受験生に言います。
seatには「座席、議席、尻」などの名詞の意味と、「着席させる、位置づける」などの動詞の意味があります。

Seats must be booked in advance.
全席予約制です。
「尻」という意味のseatを使った面白い口語表現があります。"by the seat of one's pants"で「経験に基づいて」という意味です。これは第二次世界大戦中、戦闘機のパイロットが計器を使わず、お尻の感覚だけで飛行したことが由来です。なので"Right now, I'm flying by the seat of my pants."（The X-fileから）「今、自分の経験から判断している」と、海外ドラマなどでも、よく使われています。

SITUATION 05

残業をお願いしたい時に「今日残業してください」と言ったつもりが…

Please overwork today.
「今日過労してよ!」

と、無理を言っていませんか?

▶ E X P L A N A T I O N

"overwork" には「働き過ぎる、過労する」という動詞の意味と、「過労」という名詞の意味がありますが、「残業」という意味はありません。でも、これをよく「残業する」という意味で使っている人を見かけます。「残業する」は "do overtime" です。
I did a lot of overtime last month.
先月はたくさん残業しました。
I don't mind working weekends as long as they pay me overtime.
会社が残業代を払ってくれる限りは、私は週末に働くのは全然かまわないです。
使い方を間違えないようにしましょうね。

 Business Class

Could you work overtime today?
今日残業できますか？
命令的なニュアンスはありませんが、自分のお願いだけを言っていますね…。さて、これをビジネスクラスの英語でお断りする時は、どう言いましょうか？

I am sorry, I can't.
すみませんが、できません。
辺りが妥当でしょうか。

 First Class

Do you think you could work overtime today?
今日残業していただくことはできますか？
"Do you think you could ～?" は、「～していただくことは可能でしょうか？」というネイティブがよく使うフレーズです。自分のお願い事だけでなく、相手のスケジュールを尊重しているのが窺えますね。
さて、これをお断りする時のファーストクラスの英語もきつく聞こえない表現を使いましょう。

I'm afraid I can't.
ちょっと無理だと思います。

I don't think I can.
ちょっとそれは難しいと思います。
上手な断り方は、お引き受けする時よりも難しいですが、これらの表現を知っていれば大丈夫！

21

SITUATION 06

何かを依頼した相手に、「あとどのくらいかかりそうですか?」と尋ねたつもりが…

How long will it take?
「あとどのくらいかかるわけ?」

と、怒ったように言っていませんか?

▶ EPISODE

あまりに直接的で、こう言われるとすぐにできることも萎縮してできなくなってしまいそうですね。バブルの頃、「JALのファーストクラスは根回ししないと予約が取れない」とまことしやかに言われたほど、いつも満席でした。CAはいつも忙しく、時にはお客様をお待たせしてしまうこともありました。そんな時でも、なぜかファーストクラスのお客様たちは、「遅い!」などと、直接的におっしゃる方はほとんどいらっしゃいませんでした。特に欧米人の方々は、お待たせしたことをお詫びすると、目を見てにっこりと "I don't mind at all." などとおっしゃってくださり、心が和んだものです。相手の立場を思いやる会話ができるって素敵ですね。

Excuse me, but when will you finish it?
すみませんが、いつ頃終わりますか？
"Excuse me"を付けることで、脅迫的な表現ではなくなっていますが…まだ満点ではありませんね。excuseには「言い訳する」という動詞の意味と「言い訳、口実、弁解」などの名詞の意味があります。あまりこれを使う状況になりたくはありませんが…。
I offer no excuse.
弁解の余地はありません。
Don't you have any better excuse?
もっとましな言い訳はないのですか？
など、覚えておいてくださいね。

When do you think you will finish it?
あとどのくらいの時間がかかりそうでしょうか？
"do you think"が入ることによって、相手の事情も考慮していますよ…というニュアンスが伝わってきますね。
答え方としては、「It takes 時間 to 動詞の原形」の構文を使って、
"It will take another ten minutes (to finish it)."「あと10分ほどかかります」などと答えましょう。ただし、これもファーストクラスの答え方ならば最初に "I'm so sorry I have kept you waiting."「お待たせいたしまして、本当に申し訳ございません」を忘れずに…。

SITUATION 07

会議で部下の出した企画がいまひとつピンとこない時に「この提案はいまひとつですね」と言ったつもりが…

> **This proposal is not good at all.**
> 「この企画、全然よくないねー」

と、冷たく言っていませんか？

▶ E P I S O D E

人を褒める時よりも、注意したり諭さなくてはならない時のほうが格段に難しいですね。CAの頃、「後輩にアドバイスする時には必ず、相手の長所を褒めてから、短所を言いなさい」と先輩に教えられました。それは今の講師生活でも、非常に役立っています。そういえば、ファーストクラスの方々も何か不満をおっしゃる時はいつでも、「JALが好きなんだけど、こういう所が良くなればもっといいのに…」と、切り出していらっしゃいました。人の上に立つ方々は、物の言い方一つとってもやはり心配りができるのだと、学びました。部下を叱る時に、その上司の懐の大きさが窺えますね…皆様、気をつけましょうね。

Business Class

This proposal isn't really clear.
この企画はいまひとつピンとこないのです。
"not 〜 at all"「まったく〜でない」を使うよりは"not really"「あまり〜でない」を使っているので、少し柔らかさが出ていますが、もう少し相手への気配りがあるといいですね。clearは「明るい、鮮やか」以外に「はっきりした、よく分かる」などの意味もあります。"Do I make myself clear?"「(ちょっと苛立った感じの時に) 私の言うことがお分かりでしょうか?」などと使ったりします。

First Class

There is still room for improvement.
まだ改善の余地がありますね。
相手のやる気をそがずに、改善を促す上手な表現です。こう切り出した後で、具体的な改善点について述べると相手も受け入れやすいと思います。
improvement…改善、進歩、上達
The new quality assurance is a big improvement over the old one.
その新しい品質保証は古いものよりも格段に進歩している。
We carried out improvement.
私たちは改善を成し遂げた。
Has improvement occurred?
改善は見られましたか?

SITUATION 08

相手に、ある計画についての感想や意見を求めたい時に「この企画はいかがでしょうか?」と言うつもりで…

How about this plan?
「これ、どぉ〜?」

と、なれなれしく言っていませんか?

▶ EPISODE

ファーストクラスに乗られる方々はとてもお話し上手です。欧米人だけでなく日本人の方々も、会話が続くように話しかけてくださいました。そして、大企業の社長様でもとても気さくに「僕は〜だと思うんだけど、君はどう思う?」などと、よくおっしゃいます。"話が途切れない会話術"を持った方が多かったです。この会話術は、ぜひ、ビジネスを成功させるためにも見習いたいですね。

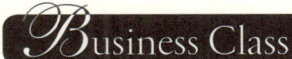

What do you think about this plan?
この計画についてどう思いますか？
少しカジュアルではありますが、ある程度知った仲ならばこの表現でも良いでしょう。

What do you say?
あなたはどう考えられますか？
なども、ネイティブがよく使う表現です。

How do you find this plan?
この計画はどのような感じでしょうか？
"How do you find 〜 ?" は、とてもフォーマルな意見や印象を尋ねる聞き方です。

How did you find London?
ロンドンの印象はいかがでしたか？
"find" には「見つける」以外に「分かる」という意味があり、ビジネスでもよく使われます。

How did you find out?
どうして分かったの？

I found it impossible to believe you.
あなたの言うことは信じられない（この時のitは仮目的語です。真の目的語はto believe youです。この文体はよく出てきますが、日本人はこの仮目的語が苦手な人が多いです。ぜひ、覚えておいてくださいね）。

SITUATION 09

取引先の部長に「社長にお目にかかりたいのですが」と打診したい時に…

{ I want to meet the president. }
「社長に会いた〜い」

と、子どもっぽく言っていませんか？

▶ **E X P L A N A T I O N**

「want to 動詞の原形」で文法的には間違っていませんし、中学校で不定詞を勉強する時には、この使い方を教わります。でも、これはとても幼い、つまり子どもの英語のイメージです。少し丁寧に大人の使い方をするならば、「would like to 動詞の原形」にするのが良いでしょう。

I would like to have a cup of coffee.
コーヒーを一杯ほしいのですが…。
I would like you to do this job.
あなたにこの仕事をしてほしいのですが…。

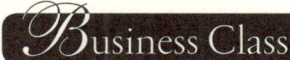

Could I meet the president?
社長にお会いすることはできますか？
"Can I 〜 ?"「〜してもいい〜？」ではなく "Could I 〜 ?" を使っているので、まだ直接的な表現は避けられていますが、丁寧さという点では、今一歩ですね。
ちなみに、社長を表す単語としては、
president…大統領、学長、社長
chairman…社長（イギリス英語）
CEO…chief executive officer 最高経営責任者
vice-president…副社長

Are there any chances that I get to meet the president?
社長にお目にかかるチャンスはありますでしょうか？
"Are there any chances 〜 ?" はとても丁寧で押しつけがましさがない、品のある表現です。お願い事をする時には、マナーとして日本語でも普段より謙虚さが必要ですね。英語も同じです。

Are there any chances that I can attend the meeting?
その会議に出席するチャンスはありますでしょうか？
meeting…会議、会合、集会（会社での会議などはこちらを使います）
conference…協議会、会議（ex. an International conference 国際会議　a press conference 記者会見）

29

SITUATION 10

アンケートなどで貴重な意見をいただいた方に、「ありがとうございます」と感謝の気持ちを伝えたい時に…

Thanks a lot.
「ありがとうねー」

なんて、軽薄に言っていませんか？

▶ E X P L A N A T I O N

あまりにフランク過ぎて、まるで友達言葉のようですね。これではビジネスでは通用しませんね。飛行機の中でもよくお食事やサービスのアンケート（survey）をとらせていただいたことがありますが、ご意見をいただいた方には必ず丁重にお礼を申しあげました。特に、バッドコメントの方にはより丁重に…悪い評価は今後の向上にとって貴重なご意見。CAも謙虚に読ませていただいておりました。

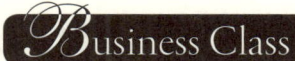

Thank you for your opinion.
ご意見ありがとうございます。
「意見」には他に "feedback" も、よく使われます。
I got enough feedback from my readers.
読者からの十分な反応があった。
I gave the company some feedback about their service.
その会社のサービスについて私の意見を述べた。

I can't tell you how much your opinion means.
ご意見を頂戴し、感謝いたします。
"I can't tell you…"「言い表せません」と "how much ～ means"「～がどれほど大事か」という表現を併せることによって、とてもありがたく思っている気持ちが伝わります。
"tell" には覚えておくと便利ないろいろな文例があります。
To tell the truth…
実を言うと…
as far as I can tell
私に分かる限りでは…
Don't tell me that…!
まさか…ではないでしょうね！

SITUATION 11

相手の言ったことが聞き取れなくて、
「もう一度おっしゃってくださいますか」
とお願いする時…

Please repeat.
「はい、もう一度言ってー!」

と、軽々しく言っていませんか?

▶ EXPLANATION

どんな時でも「とりあえず "please" を付ければ大丈夫」と思っていませんか? 人に依頼する時には、依頼の表現があります。一番カジュアルなのは "Will you 〜 ?" そして "Can you 〜 ?" です。
Can you help me with this work?
この仕事を手伝ってくれる?
Will you pass me the sugar?
お砂糖まわしてくれる?
30代以降の方々はぜひ、これらの言い方よりもビジネスクラス以上の言い方をしてくださいね。

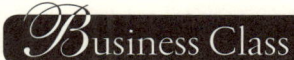

Could you repeat that?
もう一度言ってもらえますか？
CanではなくCould を使うことで、丁寧さは出ていますが、相手への心遣いがない点で、まだ完璧とは言えませんね。"repeat"はイギリス英語では「げっぷをする」という意味もあります。なんとなく「戻る」感じがイメージできませんか？
Onions sometimes repeat on me.
玉ねぎを食べると時々げっぷをする。
"repeat"を使った諺を知っていますか？
History repeats itself.
歴史は繰り返す。

I'm sorry, but could you repeat that?
Could you say that again for me, please?
申し訳ございませんが、もう一度おっしゃってくださいませんか？
I'm sorry を冒頭に置くことによって、相手に何度も言わせてしまうことへの気遣いがあります。とても丁寧な依頼の仕方ですね。
Could you show me how to do this, please?
これをどうやったらよいか教えていただけませんか？
Could you come and see me tomorrow?
明日おいでいただけませんでしょうか？

SITUATION 12

相手の話す内容が理解できなくて、「あなたのおっしゃる内容が分からないのですが」と、言いたい時に…

{ **I don't understand you.**
「あなたのことが分からないよ!」 }

と、バカにしたように言っていませんか?

▶ E X P L A N A T I O N

こう言われたら、言われた方はカチンときてしまいますね。相手の人格ではなく、相手の話す内容が分からないのですから、その点を明確に表しましょう。昔、CA時代に、英国人のお客様のおっしゃったことが聞き取れなくて、後輩がこう言ってしまいました。内心、ヒヤヒヤしましたが、とても紳士なその方は、一瞬「えっ?」という表情をされた後、すぐにもう一度ゆーっくりとお話しくださいました。CAのリスニング力、もっと必要かもしれませんね。

Business Class

I'm not sure (that) I understand your words.
私には理解できないようなのですが…。
sureは、英会話で頻出の単語です。「確信して、きっと〜する」などという意味です。
I am not sure what to say.
何と言ったらいいか分からない。
I am sure (that) he will come.
彼はきっと来ると思います。
ぜひ、マスターしてくださいね！

First Class

I'm sorry, but I'm not sure I know what you are talking about.
申し訳ないのですが、あなたのおっしゃりたいことが分からないのですが…。
I'm not sure I knowは、相手の言っていることに対して敬意を払いながら、「ちょっと分かりにくいのです」という気持ちを表すのに、よくネイティブが使う表現法です。その上に最初に「申し訳ないのですが」という "I'm sorry, but" をつけることによって、より相手に不快感を与えずに済みます。
I'm not sure I know the meaning of the remark.
その所見の意味が分からないのですが…。
remark…所見、意味、感想、批評

SITUATION 13

素晴らしい企画書を作った友人に「すばらしいですね」と、言うつもりが…

That is nice.
「まあ、そこそこですね」

と、相手をがっかりさせるようなことを言っていませんか？

► E X P L A N A T I O N

辞書を引いても、もちろん、"nice"には「よい、立派な、満足できる」という意味があります。しかし、これも言い方によって「すごいわね〜」という印象よりもたいしたことではないという印象を与えることもあることをネイティブは知っているので、本気で褒める時は、別の言い方をします。一時前までは"nice guy"という言葉は欧米人男性へのほめ言葉でした。しかし、今やこれは日本語でも男性に対して「いい人」と言えば「いいけど、どうでもいい人」を意味するのと同じように、欧米人も"nice guy"と言われて喜ぶ人は少なくなっていますね。「いい人だけど、あなたには男性として興味が湧かないわ」というカウンターパンチ的な一言になっています。時代とともに言語のニュアンスも変わるのですね。

Business Class

It is good. It looks great.
良いです。すごそうですね。

いつも「〜です」とbe動詞を使わず、lookやseem を使った、「〜のようですね」という言い方も、自分の会話のセンテンスのレパートリーに加えてあげましょう。

Mr. Wright seems to be willing to help us.
ライト氏は喜んで引き受けてくれそうですね。

First Class

That's just what we need.
それこそ私たちが必要としているものですよ。

最高のほめ言葉ですよね…こう言われたら、がんばった甲斐があるというものです。ただ褒めるだけでなく、こういう会話をつけ足せるのが、ファーストクラスです。この文章の中のwhatは関係代名詞のwhat = the thing whichです。「(〜する) もの」「(〜する) ものは何でも」と訳します。これも会話には頻出ですので、おさらいしておきましょう。

Don't put off till tomorrow what you can do today.
今日できることは明日に延ばすな。

What one likes, one will do well.
好きこそ物の上手なれ。

SITUATION 14

自己紹介の途中で「私は会社を経営しています」と言いたいのに…

{ **I have company.**
「私には来客があります」 }

と、トンチンカンなことを言って相手を困らせていませんか？

▶ EXPLANATION

私は英会話を教える時も受験英語を教える時も、辞書で英単語を調べたら、必ずその単語の意味の一番下まで見て2つ以上の意味を書くように教えています。1つの単語でまったく違う意味を持つものは、非常に多くあります。このcompanyもそうですね。冠詞（a、the）がつかないとこれは会社ではなく、来客という意味になります。例えば、単数形と複数形で全然意味の異なる単語もありますよ。

custom…習慣　customs…税関・関税
name…名前　names…悪口

"She called your names." と言われたら「彼女はあなたの名前を呼んでいた」ではなく「彼女はあなたの悪口を言っていた」ですよ。

Business Class

I have a company.
私は会社を持っています。
I run a company.
私は会社を経営しています。
runも「走る」以外に「継続する、流れる、経営する」という意味がありますよ。諺で、

Still waters run deep.
静かな川は水が深い（考えの深い人は物静か）。
などもありますね。

First Class

I own a company.
私は会社を所有しています
ownという動詞を使うことによって、「(法的権利によって) 所有する」ニュアンスが出ています。haveよりはビジネス的な表現ですね。このownは動詞・名詞・形容詞の3つの使い方がありますので注意してください。それぞれ、どれもよく会話には出てきますが、これも日本人が使いこなせていない単語ですね。

名詞own…自分のもの
I have a house of my own.
私には自分の持ち家がある。
形容詞own…自分の、独特の
Reap the harvest of your own sowing.
自分でまいた種は刈り取りなさい（因果応報）（諺）。

SITUATION 15

聞き取れないので、相手に「もう少しゆっくりお話しくださいますか」と言いたいのに…

Please speak more slowly.

「もうちょっとゆっくり話してよ！（速すぎるのよ）」

と、怒っているように言っていませんか？

▶ EPISODE

ファーストクラスに乗っていらっしゃる欧米人の方々は、ほとんどが日本人CAに対しては、わざとゆっくりと話してくださっていました。「アジアの中で一番英語が苦手な日本人」というレッテル（label）をご存じだったからでしょうか？ でも、こちらが話せると分かると、すぐに普通のテンポで話しだしてくださいます。そしていつも決まって "Your English is beautiful!" と、褒めてくださいました。あのお客様方のほめ言葉が、私を今、英語に携わらせてくれているのかもしれません。

40

Business Class

Could you slow down a little bit?
もう少しゆっくりしゃべってくださいますか？
slowが動詞で使われる時には、「スピードを落とす、ゆっくりしゃべる、ゆっくりする」という意味があります。
That company slowed down production.
あの会社は生産を落としました。

First Class

Would you mind speaking a little slower, please?
もう少しだけゆっくりお話しいただいてもよろしいでしょうか？
"Would you mind 動詞のing形～?"は「どうか～していただけませんか？」というとても丁寧な依頼です。このWouldをDoに換えると、もっとくだけた表現になります。その他にも、
Could I ask you to speak a little slower, please?
でも、まったく同じニュアンスの丁寧な表現です。
Would you mind helping me?
すみませんが、手伝ってくださいませんか？
くれぐれも動詞をing形にすることを忘れないでくださいね。

SITUATION 16

相手に「この仕事を始めていただくと助かるのですが」と言いたいのに…

You had better do this work.
「この仕事をしろ!」

と、命令するように言っていませんか?

▶ EXPLANATION

中学校の教科書には "had better" は「〜したほうがよい」、そして "should" は「〜すべきである」と、書かれていますね。これが多くの人を誤解させる元となっています。日本語だけを見れば、語意が強いのはもちろん「〜すべきである」ですね。しかし、英語では "had better" は「〜しろ」というような命令調になるのです。一方 "should" は「〜したほうがいいんじゃないの?」というニュアンスになります。この強弱関係をきっちりと区別してくださいね。

ただし、ビジネスの場面では、相手にはこのどちらも威圧感を与え、一方的な感じを残してしまいますので、ぜひ、ビジネスクラス以上の表現方法で対応してください。

Business Class

Is it possible to make a start on this work?
この仕事を始めてもらうことはできますか？
"Is it possible to 動詞の原形？"は「～していただくことは可能でしょうか？」という丁寧な表現です。
Is it possible to go to the grocery store?
食料雑貨店に行ってきていただけますでしょうか？

First Class

It would be great if you could make a start on this work.
この仕事を始めてくださると助かるのですが…。
こういう依頼の仕方で頼むと、相手も多少忙しくても何とかしてくれるかもしれませんよ。
それから "make a start" のように start を名詞で使う言い方も、ネイティブ度が上がりますし、いつものお決まりの言い方に彩りが生まれますので、ぜひ、実践してみてください。
We made an early start this morning.
今朝は朝早く出発した。
We should take a fresh start.
私たちは新規まき直しをしたほうがいいです。

SITUATION 17

やり方が間違っているので「他の方法でやってみましょうか」と提案の意味で言いたいのに…

That's the wrong way.
「そんなの話にならないね」

と、吐き捨てるように言っていませんか？

▶ EPISODE

CAの世界は「空飛ぶ大奥」と呼ばれるくらい、私のいた時代はまだ上下関係は非常に厳しいものでした。なぜかどこでも目を付けられてしまう私…生意気だったからかもしれません。上記の英語のように、頭から否定されるような言い方をされたことも何度か…。そんな時、当時のチーフパーサーは、こう言いました。「なあ、荒井。出る釘は打たれるけど出過ぎた釘は誰も打てないんだよ。だからさ、中途半端に他の皆みたいに、無理していい子ぶろうとしないで性格はそのままで、仕事だけものすごくできるようになって、出過ぎちゃえばいいのさ。お前ならできるよ」と言われ、なぜか胸のつかえが一気に取れ、その後は何があってもへこたれなくなりました。私が10年以上もフライトできたのは、あのチーフパーサーのおかげだと、今でも思っています。

Business Class

Maybe we should try something else.
何か他の方法でやってみましょうか。

婉曲法は日本語だけのものではありません。英語もしかり。こういう提案の仕方で、相手のやる気をそがないようにできる上司が人気があるのは、万国共通です。"else"も英会話頻出単語ですので、使えるようにしましょう。

What else did he say?
彼は他に何と言っていたのですか？

I'm telling you nothing else than the truth.
あなたには真実だけお話ししています。

First Class

Is there another way we could approach this?
これに取りかかる他の方法はあるでしょうか？

こちらはさらに婉曲的で、しかも相手の意見をまず聞いてみようとする心遣いが窺われますね。"approach"には「近付く」以外に「取り組む、着手する」という意味もあり、ビジネスではよく使われています。

We approached the subject in a practical way.
私たちは実践的な方法でその問題を取り扱った。

Researchers are looking for new ways to approach the problem.
研究者たちはその問題に取りかかるための新しい方法を探しているところです。

SITUATION 18

「すべての注文を迅速(じんそく)に処理すること を目標にがんばります」と、やる気を 見せたいのに…

{ **I will do my best to process all orders promptly.**
「とりあえずすべての注文を迅速に 処理するようにがんばろうか～」 }

と、控え目に言っていませんか？

▶ EXPLANATION

謙虚は「日本人の美徳」でもありますが、ビジネスにおいて外国人と接する場合は、その「謙虚さ」が「やる気のなさ」にとらえられてしまうことが多々あります。この "do one's best" も、普段の場面で使うのならば、「一生懸命やります」という意味で、まったく問題ないのですが、ビジネスの場では「ただ、がんばってどうなるの？」と結果を求められることのほうが多いかもしれません。自分のやる気を見せたい時には、ビジネスクラスやファーストクラスの表現で、自分の意思を相手に示しましょう。アピールは大事ですよ。

Business Class

I will do my utmost to process all orders promptly.
すべての注文を迅速に処理するように最善を尽くします。
"utmost"（最大、最高、極致）を使うことにより、一層の努力をする意気込みが伝わりますね。

First Class

You have my commitment that I will process all orders promptly.
必ずすべての注文を迅速に処理することをお約束します。
"commitment"（約束、公約、義務、責任）という言葉により「絶対にいたします！」という真剣さと「できる！」という確信が窺えて、言われた方も信じたくなりますね。このcommitmentもビジネス英語には欠かせません。
I'm sorry. I have a commitment.
申し訳ありません。先約がありますので…。
We have gotten a firm commitment from the dealership to sell 600 new cars.
その販売店から新車600台を売る確約をもらっています。

この単語も重要！

"commit"は「誓約する」以外に「（犯罪などを）犯す」や「〜に託す」などという意味があり、よく聞く単語ですね。
The actor was committed for a narcotic violation.
その俳優は麻薬取締法違反の疑いで拘禁された。

SITUATION 19

初めて会った人に「お名刺をちょうだいできますか?」と言いたいのに…

Do you have a business card?

「名刺持ってるぅ〜?」

と、子ども言葉で言っていませんか?

▶ EPISODE

ビジネスクラスのお客様には、名刺をCAに渡してお食事のお誘いをする方がとても多かったのですが、ファーストクラスのお客様たちの中には、そういう方はあまりいらっしゃいませんでした。その方の存在そのものが、肩書よりも素晴らしい…、と思うような紳士がファーストクラスには多かったです。さて、名刺に対する日本と欧米の大きな違いをご存じでしょうか? 欧米人は名刺はただの紙と思っていますから、その裏にその人の特徴やinformationを書き込んだり、折ったりすることに抵抗はありません。また、仕事以外のパーティーでは、滅多に名刺を渡したりしません。「肩書よりも個々の人間性が大事」と思う民族性からかもしれませんね。

Business Class

Could I have your business card?
お名刺をいただけますか？
"Could I ～?"を使った、丁寧な表現ですね。
card case 名刺入れ　exchange business card 名刺交換

First Class

Could I ask for your business card?
お名刺を頂戴できますでしょうか？
非常に丁寧で品のある尋ね方ですね。初めて会った方にはこのくらいの丁寧さで好印象を与えましょう。

知っておくと便利！

CEO（chief executive officer）最高経営責任者
chairman/board chairman 会長
vice-chairman 副会長
president 社長
executive vice-president 副社長
manager of president's office 社長室長
secretary to the president 社長秘書
CEO/chief executive officer/representative director 代表取締役
adviser/corporate adviser 顧問
department manager/general manager/manager 部長
branch manager 支店長
special adviser 相談役

SITUATION 20

「この書類をコピーしていただけますか?」と言いたいのに、丁寧な言い方だと思って…

Would you kindly copy this document?

「この書類コピーするくらいしてよね(当たり前でしょ!)」

と、嫌みたっぷりに言っていませんか?

▶ E X P L A N A T I O N

"Would you kindly 〜 ?" というのは非常に丁寧な依頼を表すのですが、あまりに丁寧過ぎて、慇懃無礼に聞こえることが多く、相手には嫌味にとられてしまいます。口調を荒らげて言ったとしたら、それは完全に皮肉に聞こえますので、使い方には注意しましょう。

"Would you kindly stop making a noise?" 静かにしていただけませんか?(実際は「いいかげんに静かにしてよね!」と、苛立っています)

"Would you kindly take your feet off the desk?" 机から足をどけていただけますか?(実際は「ちょっと! いいかげんに机から足をどけなさいよ!」と不快感を示しています)

Business Class

Could you possibly copy this document?
この書類をコピーしていただけませんか？
possiblyはcanやcouldを使って疑問文にすると、「なんとか〜していただけないでしょうか？」というへりくだったお願いの文になります。
Could you possibly lend me the book?
なんとかその本を貸していただけないでしょうか？

First Class

Would you mind copying this document?
この書類をコピーしていただいてもいいですか？
以前にも出てきた依頼文ですね…きちんと使えますか？
"copy"も名詞「写し、コピー、(雑誌や本の) 部や冊、(印刷・放送用の) 原稿」などの意味と動詞「コピーする、真似る」などの意味があります。
Could I make a copy of your notebook?
あなたのノートをコピーしてもよろしいでしょうか？
We need to copy this data into a computer.
私たちはこのデータをコンピューターにコピーする必要がある。
I need three copies of today's paper.
今日の新聞が3部必要です。
He always copies from his neighbor during the exam.
彼はいつも試験中に隣の人のカンニングをする。

SITUATION 21

「この商品についての意見をお聞かせください」と言いたいのに…

What do you think of this item?
「この商品についてどう思いましたか？」

と、ただ漠然と感じを聞いていませんか？

▶ EXPLANATION

"think" というのは、「心に抱く、思い描く、（漠然と）思う」という意味で使われるもので、この場面のようにビジネスで意見を求める時に使うのには、不適切です。こういうふうに相手に聞いたらそれこそ「ま、いいんじゃないの？」なんて答えが返ってきそうです。もっと積極的に意見を求めるのならば、"opinion" や "feedback" などの単語を交えながら文章を作りましょう。

"opinion" 意見、見解、世評、評価 "feedback" 情報、反応、意見、調査結果 "a difference of opinion" 見解の相違 "arouse public opinion" 世論を喚起する "We got enough feedback from our readers." 読者からの十分な反応がある

Business Class

What is your assessment of this item?
この商品についてのあなたの評価はどうですか？
assesement（査定、評価、評定、所見）を使うことによって非常にビジネスで通用する感じが出ています。
What is your opinion regarding this item?
この商品についてどのような意見をお持ちですか？
これも regard（みなす、考える、評価する、注意を払う）を使うことによってきちんとした印象を与え、相手の意見を真剣に求めている感じが、よく出ています。

First Class

Could you give us your feedback on this item?
この商品についてのあなたの評価をお聞かせくださいますか？
依頼の方法や、よりよくするための意見を求めている感じがよく出ています。どちらかと言うと、これから改善して行くための「評価や反応」という意味でよく使われる feedback ですから、ただの意見とは一味違います。より、真剣味が感じられます。

会 議 で の 表 現 集

Are there any feedback on this matter?
この件について意見はありますか？
Could I make a comment on this matter?
この件に関してコメントを述べてもいいでしょうか？

SITUATION 22

何かについて「苦情があります」と言いたいのに…

I have a claim.
「要求があります!」

と、的外れなことを言っていませんか?

▶ EXPLANATION

"claim"(要求する、必要とする)という単語が「クレーム(苦情)」というジャングリッシュ(和製英語)になってしまったために起きた間違いフレーズですね。本当の「苦情」は英語では "complaint" です。その他にもいくつかジャングリッシュをご紹介しましょう。

オーダーメイド→custom-made
カレーライス→curry and rice
キャッチコピー→tagline, buzzword, catch line
コストパフォーマンス→cost-effectiveness, price performance, value for money(VFM)
サラリーマン→corporate employee
バックナンバー→back issue, past issue
ファミリーレストラン→casual dining restaurant
モーニングコール→wake-up call

Business Class

I have a complaint.
苦情があります。
非常にストレートですが、苦情を言うような状況ですから、この言い方でも良いでしょう。こう述べておいて、次に具体的に内容を述べましょう。例えば…、
The delivered goods were short by 25 units.
配達された商品は25個足りません。
The order we placed last month has not arrived yet.
先月注文した商品がまだ届いていません。
The color of the box isn't what we ordered.
箱の色が注文したものと違うのですが…。
そして、述べ終わったら、
Could you look into this and let me know what happened?
この件に関して調べていただき、どうなっているのかお知らせくださいますか？
と、相手に確認を促しましょう。

First Class

There is something I need to tell you about.
申し上げたいことがあるのですが…。
苦情の切り出し方としては、非常に上品で落ち着いた表現です。落ち着いた声でこう言われたら、相手も神妙に聞いてくれるはずです。苦情ほど、カッカとせずにゆっくりと話しましょう。これは日本語でも英語でも同じですね。

SITUATION 23

相手から何かを頼まれて「今日はそれをする時間が少しならあります」と言いたいのに…

{ **I have little time to do it today.**
「今日はそれをする時間がほとんどありません」 }

と、反対のことを言っていませんか？

▶ EXPLANATION

中学英語で習ったはずですが、この "little" と "a little"、そしてさらに "few" と "a few" の使い分けは、割と多くの人がぼんやりしたイメージで、使いこなせていないのをよく見かけます。この機会にはっきりさせましょうね。

★数えられる名詞の前に付く
few→ほとんどない　a few→少しある
I have few friends. 友達がほとんどいない。
I have a few friends. 友達は数人いる。

★数えられない名詞に付く
little→ほとんどない　a little→少しある
I have little money. お金がほとんどない。
I have a little money. お金が少しある。

Business Class

I have a little time to do it today.
今日はそれをする時間が少しはあります。
状況を述べているだけですが、普通はこれで正解です。
"time"は諺でもよく使われますね。
Time and tide wait for no man.
歳月人を待たず（諺）。
Time flies (like an arrow).
光陰矢の如し（諺）。
What may be done at any time is done at no time.
いつやってもよいことは、いつになってもなされることはない。

First Class

I don't have much time today, but I can squeeze it in.
私は今日はあまり時間がないのですが、何とかやってみます。
別に恩を売っているわけではありませんが、時間がなくても「あなたのためならばなんとかします！」という気持ちが伝わってきますね。センスある英語表現です。ネイティブはこういう洒落た表現をよく使います。"squeeze"は「絞る、ひねり出す、強く握る、抱擁する」。
I can squeeze you in for dinner on Wednesday.
（予定をなんとか調整して）あなたと水曜日に夕食をご一緒できます。

SITUATION 24

とても嫌な話題になったので「話題を変えませんか?」と言いたいのに…

{ **I don't want to talk about this.**
「このことについては話したくないんだよ!」 }

と、ぶっきらぼうに言っていませんか?

▶ E P I S O D E

湾岸戦争やSARSの時などは、皆さん飛行機で移動しなくなりファーストクラスもお客様が1人とか2人などということも多々あり、お客様と長時間お話に花が咲くこともありました。当時「TIME」の表紙にも出たような、著名なアメリカ人のお客様と30分ほどお話しさせていただいたことがあります。その時に感じたのですが、話題の変え方が本当に上手! なぜかご自身の離婚のお話になり、少しトーンが落ちかけたのですが、すかさず「せっかくの満天の星空だから(高度35000フィートでは、星が本当に手に取るように身近に綺麗に見えるのです)、もっと美しい話をしましょう!」なんて、さらっとおっしゃってしまうのです。本当に素敵です。

Business Class

Let's talk about something else.
何か他のことについて話しましょう。
はっきりと言っていますが、話題転換の促し方としてはこれでも良いでしょう。この他にも話が一段落していれば"To change the subject, 〜." "By the way 〜."という表現もあります。どちらも「ところで…」と、話題を変える時に使う表現ですので、話の途中では不快感を与えますので、使わないようにしましょう。

First Class

Why don't we change the subject?
話題を変えてはどうでしょうか？
"Why don't we 〜 ?"は相手に「〜しませんか」と、柔らかに提案する時に使う大事な表現です。

Why don't we continue this over lunch?
この件についてはランチをいただきながらお話ししませんか？

お昼を食べながら…over lunch
コーヒーを飲みながら…over some coffee

こ こ で 復 習 ！

Shall we 〜？ 〜しませんか？…丁寧でフレンドリーなお誘い
Why don't we 〜？ 〜しましょう…Let'sの丁寧形
How about 〜？ 〜はどうですか？…フレンドリーな提案

SITUATION 25

連絡なしに遅刻してきた人に「心配しましたよ」と言いたいのに…

What time do you think it is now?
「今何時だか分かる?」

と、嫌味たっぷりに言っていませんか?

▶ E P I S O D E

CAの世界では、絶対に遅刻はあり得ません。JALの飛行機も定時運航率で世界でトップ5には必ず入っていたくらいですから。もちろん急病や事故に備えて、スタンバイというスケジュールを持ったCAが何人か自宅もしくは羽田や成田空港で待機してはいます。でも、そういう人たちが呼ばれることは少ないのです。そのくらい、責任感を持ってフライトに臨みますので、寝坊して遅刻…なんてこととは無縁です。しかし、外の世界に出てびっくりしたことは、いかに遅刻する人が多いかということ…アメリカ社会では、遅刻する人間は出世できないというのは昔からの常識ですが、日本はそうではないのでしょうか? お会いして思うのは、遅刻する人は大体いつも決まって遅刻するということ…皆さんはどうですか?

Business Class

Could you please let me know next time you are going to be late?
次に遅れる時には連絡をいただけますか？
相手の遅刻を責めることなく次回のことに言及していますね。心配していた感じも出ています。遅刻に関してですが、自分が遅刻しそうだったら、
I was almost late.
遅刻しそうだった（けれど間に合った）。
と言いましょう。

First Class

I was really worried there was something.
なにかあったのではないかと本当に心配しましたよ。
相手を気遣う表現ですね。こう言われたら、（たとえ寝坊して遅刻したのでないとしても）次回からは気をつけようと思いますよね。直接的に言わないで、相手に反省させる…デキる人の話し方ですね。
さて、この状況とは逆に「時間を守る」と表現するには"punctual"という単語を使います。
She is always punctual for an appointment.
彼女はいつも約束の時間を固く守る。

覚 え て お く と 便 利 な 「 〜 時 間 」

営業時間 business hours
休憩時間 intermission（米）interval（英）
勤務時間 office(working) hours

SITUATION 26

「今日の課題はこの販売戦略についてです」と言いたいのに…

Today's problem is about this marketing strategy.
「今日の困った問題はこの販売戦略についてです」

と、恥をかきそうなことを言っていませんか？

▶ EXPLANATION

辞書を引くと"problem"は「(解決すべき)困難な問題」と載っていますね。その意味の通り、解決するのが困難というネガティブなイメージがあります。でも、日本人は「問題」と言われたら、とにかくproblemを使いますね。この状況では緊急の解決すべき問題(件)なのですから"issue"を使うのが適切です。

We would like to talk about one more issue.
もう一点話し合いたいのですが…。

There is a big financial problem.
大きな財政面の問題があります。

Business Class

Today's issue is about this marketing strategy.
今日の課題はこの販売戦略についてです。
はっきりと要旨を述べているので、分かりやすいですね。
Let's consider the issue in this marketing strategy.
この販売戦略について考えましょう。
これでも正解ですね。"consider"「熟考する、～だとみなす」もビジネスには欠かせない単語です。学習しましょう。

First Class

There are some things for us to iron out in this marketing strategy.
この販売戦略には解決すべきいくつかのことがありますね。
やはりファーストクラスの格！ という感じの文章です。「しっかりじっくり考えましょう」と後に続きそうなフレーズです。冷静に事態を見極めている感じがよく出ていますね。

これがキーワード！

iron out という熟語をご存じですか？ 今回のファーストクラスの表現のポイントはこれです。「(困難、誤解などを) 取り除く、解決する、歩み寄る」という意味が、「アイロンをかける」という意味以外にあるのです。皺(しわ)(問題)もなくぴっちりとアイロンがけされたシャツをイメージしてください。熟語はこのようにイメージで覚えるといいですよ。

SITUATION 27

怒りで興奮している相手に「気持ちを落ち着けましょう」と言いたいのに…

Calm down.
「落ち着け!」

と、逆に怒りを煽りそうな言い方をしていませんか?

▶ E P I S O D E

本来お客様の怒りを買うようなことがあってはいけないのが、プロとしてのCAのお仕事。しかし、私たちも1人の人間で、当然長いフライト生活の中では、失敗談もたくさんあります。シャンパンの栓を抜いたら大爆発してお客様にひっかけてしまったり、親切でお客様にトイレのドアを開けて差し上げたら実は中に鍵を閉めていない方が入っていて2人に恥ずかしい思いをさせてしまったとか…いろいろあります。

しかし、こういった失敗の時にもファーストクラスの常連のお客様たちは、嫌味も言わず、「大丈夫だよ…」と、言ってくださった方が多かったです。"心の余裕"を多くの方々から教えていただきました。

Business Class

Take a deep breath, please.
深呼吸して！
仲の良い友人、知人、同僚ならばこの表現で良いです。
Let's not loose your head.
落ち着きましょう！
Please don't fly off the handle.
そんなにかんしゃくを起こさないで。
昔は手製の斧を使っていたので、乱暴に扱うと刃が柄から外れて飛んでしまいました。そこからこの"fly off the handle"（カッとなる、自制心を失う）という語ができたそうです。
Mr. Wallace has a quick temper.
ウォーレスさんはすぐにカッとなる。

First Class

Try to keep things in perspective, please.
冷静に物事を見るようにしましょう。
今、興奮している状況ではなく、少し離れた所から考えてみようという上手な表現です。perspective という単語を知っていると、いろいろな場面で微妙なニュアンスが伝えられますよ。本来の意味は「遠近法、見通す力、客観的な見方、前途」などです。
From my perspective, we have to take countermeasures.
私の見る所では、私たちは対策を取らねばなりません。

SITUATION 28

「コイルさんは気さくな優しい人ですよね」と言いたいのに…

Mr. Coyle is soft, isn't he?
「コイルさんってまぬけよね」

と、誤解を呼ぶ言い方をしていませんか？

▶ **EXPLANATION**

これも、完全にあなたがコイルさんに好感を持っていて、その話の延長線上で言ったことならば、相手も「コイルさんは優しいですよね」と取ってくれます。でも、例えば人の批判をしている矢先にこれを言ったら、"soft"の他の意味で捉えられてしまうかもしれません。"soft"には「柔らかい、落ち着いた、温和な、優しい」という良い意味の他に、「口のうまい、めめしい、仕事が楽な」という意味が、そして名詞には「あほう、うすばか」などという意味もあるのです。こういうこともあるので、1つの英単語でいくつかの意味は覚えておきましょうね。

He is a bit soft (in the head).
彼はちょっと頭が足りない。

Business Class

Mr. Coyle is gentle.
コイルさんは穏やかです。
gentleは「優しい、穏やかな、寛大な、(動物が) おとなしい」という意味があります。これは、もちろん女性に対して言っても良いのですよ。"gentleman (紳士)"だから女性には使えないと思っていた人はいませんか？ この他にkindを使っても良いですね。ただこの2つは微妙にニュアンスの違いがあります。
kind = caring about others（人のことを気にかけて親切な）
gentle = doing things in a quiet and careful way（落ち着いている雰囲気）
ご存じでしたか？

First Class

Mr. Coyle doesn't put on airs.
コイルさんは気さくです。
get along with ～「～と仲良く付き合う」という熟語も頻出です。
They are getting along very well with each other.
彼らはとてもうまが合っています。

SITUATION 29

部下のした仕事が満足な出来栄えでなくて「もう一度やってみましょう」と励まして言いたいのに…

Do it again.
「もう一度やれ!」

と言って、思いやりのかけらもない上司になっていませんか?

▶ EPISODE

人に物事を教えるのは、非常に忍耐力が必要ですね。JALがJALWAYSという子会社を作り、タイ人を採用しJALのハワイ線やバンコク線に配置していた頃、私はインストラクターとして、彼女たちに英語でフライトしながら指導していました。「太陽の国　タイ」の出身の子たちですから、何でも「オッケー、オッケー」で済ませてしまうのです。お客様に対してもつい丁寧な日本語を忘れて「ビール、銘柄ナニ?」とか、「コーヒーは?」とお客様から聞かれれば「アトデネ!」と言ってしまったり、ヒヤヒヤの連続でした。でも、一年もするとほとんどの子はきちんとした日本語を話し、JALのサービスができるようになっていました。何事も「習うより慣れろ（Practice makes perfect.）」でしょうか…。

Business Class

Why don't we try one more time?
もう一度やってみましょう。
「頑張ってやってみてね」と言われるよりは、一緒に頑張ろうという、相手にやる気を出させるような言い方で良いですね。
We should try it again.
でも同じ意味を表します。

First Class

I'm thinking we should do it one more time.
もう一度やり直しが必要のようですね。
こういった後にさらに、
I am sure you can do it better.
あなたならきっとより良くできると思いますよ。
と、付け加えてあげれば、上司としての株が上がりますね。

ここ が ポイ ン ト！

"I think（that）〜."の表現は発言を和(やわ)らげたり、丁寧な表現として使われます。例えばthinkを過去形thoughtにすることによって、さらに丁寧な表現にすることもできます。ファーストクラスの表現には必要なフレーズですね。

SITUATION 30

食事休憩が終わって「そろそろ仕事に戻りましょうか」と言いたい時に…

It's high time to go back to work.
「いい加減仕事に戻ったら」

と、場にそぐわない言い方をしていませんか？

▶ E P I S O D E

よくお客様や友人知人から「CAさんっていつ食事してるの？」と聞かれることがありました。国内線フライトならばそんな時間はありませんが、国際線ではCAも機内でお食事をいただきます。JALの場合はビジネスクラスのお客様と同じお食事を、CAたちは、ギャレーと呼ばれるカーテンで仕切られた台所の中で、交代で10分〜15分くらいで急いでいただきます。CAは「早食い選手権」に出られるほどの人の集まりです。ソウル線などの、座って食事を取れない時には、あのカーテンの中は「立ち食いそば店」の状態になっております（夢を壊していましたら、ごめんなさい）。そしてその順番は、もちろん「空飛ぶ大奥」ですので、先輩から先でございます。

Business Class

It's time to go back to work.
仕事に戻る時間ですね。
この表現とモデルの表現の違いに気がつきましたか？
high timeは「潮時、とっくに〜すべき時刻」という意味があり、これが入ると「さっさと〜しなさい」というニュアンスになってしまいます。似ていますが大違いですね。
It's high time for children to go to bed.
もう子どもは寝る時間です。
こんな感じで使ってくださいね。

First Class

I think it's about time to make a start.
そろそろ仕事を始める時間ですね
I thinkを使い、丁寧さを増し、make a start でネイティブさを出した、絶品の柔らかい表現です。ぜひ、使ってくださいね。

これも大事！

休憩に関することも学んでおきましょう！
rest…休息、休養、休暇
I hope you are getting a good rest.
良い休暇を過ごしていらっしゃると思います。
break…小休止、休憩、短い休暇
Could you get away during your lunch break?
お昼休みにちょっと出られないでしょうか？

COLUMN 1

関白おじ様、
熟年離婚されても
知りませんよ

日本人はとても礼儀正しい民族であったと思います。「あった」と言うのには理由があり、10年以上のCA生活の中で、何度も「日本人って、こんなにマナーが悪かったのか…」と、思わされてきたからです。

今回はそんなお話のうちのひとつをいたしましょう。

ビジネスクラスでのこと。満席でCAも忙しく動き回っていた中、外国人の男性のお客様が "Excuse me, I know you are busy now. So could you bring an English paper when you'll have time to do it?"「忙し

いのに悪いね。時間ができた時に英字新聞を持ってきてくれますか？」。そんなふうに言われたら、お待たせするのは申し訳なくて、すぐにでもお持ちしたく急いで探して持参しました。

天地の差のように、次は50代後半くらいの日本人男性。ふてくされた顔で「日経！」と一言。心の中では「日経をどうしたいの？」と思いつつ満面スマイルで「少々お待ちください」と言い、急いでこれまた探しに行ったのですが、あいにく、ビジネスクラスには日本経済新聞は残っていなく、ファーストクラスの新聞の余分が回ってくるまで待たなくてはなりませんでした。お客様に「もう少々お待ちください。必ずお持ちいたしますので…」と言った瞬間、「チッ！」と舌打ち。やっと日経が回って来てお持ちし「お待たせいたしました」と言っても、無言で私の手から奪い取る…。

また、別件では、岩のように重いピギーバッグを持ちこみ、明らかに身長166センチ、体重46キロの私より力がありそうなのに「これ、上げて」と吐き捨てて、自分は座席に座ってしまうおじ様。毎回こんなおじ様方がビジネスクラスにはいっぱい！　当時23歳くらいだった私はどんどん、「日本人のおじ様嫌い病」にかかり（欧米人の男性は絶対に重い荷物を女性に上げ

させるようなことはしないし、マナーも悪い方を探すほうが難しいくらいです)、ビジネスクラス担当になると、途端に憂鬱に…。

でも、ある日、先輩が「あの人たちって、家でも"メシ""風呂""おい"なんて、きっと言ってるのよね…それで、奥さんにも実は呆れられていて、働けなくなった途端に熟年離婚されて捨てられちゃうのよねー」と。

聞いた瞬間、はっと目の前が開けて「奥さんにもいずれ捨てられてしまうであろうかわいそうなおじ様だと思えば、目をそむけたくなるようなマナーの悪さも、理不尽な要求も、飛行機の中だけだから笑って目をつぶれる」と思えるように…先輩の一言に感謝です。

ファーストクラスの英会話

PART 2

ビジネス現場で役立つ30フレーズ さあ、どんどん行きましょう!

SITUATION 31

自分の分野ではない仕事を頼まれて「他の方に依頼したほうがよいと思うのですが」と、言いたいのに…

{ It's not my job. }
「それ、私の仕事じゃないんだけど!」

と、ぶっきらぼうに言っていませんか?

▶ E P I S O D E

空港で制服を着て颯爽(さっそう)と歩いているCAも、一歩機内に入って業務が始まると、それはそれはいろいろなお仕事があります。警備の方々と同じように保安のお仕事、お席に着くことはありませんが銀座のお姉様たちと同じようにお酒を作りお客様のお話を聞くお仕事、レストランのシェフと同じようにお料理を(私たちは温めるだけですが)提供するお仕事、看護師さんのように具合の悪い方がいれば看護するお仕事、トイレで嘔吐してしまった方がいればそれを全部取ってきれいにするお仕事、デパートの店員さんのようにお客様に免税品を販売するお仕事などさまざまなお仕事があります。今回の状況設定のように高度35000フィートでは、「担当外です」とか「それはできません」と言うことは許されないのが、CAなのです。見た目と違い、かなりハードなお仕事です。

Business Class

I think this job is not suited to me.
この仕事は私には合わないと思いますが…。
suitを使うことによって、適合できそうもないことを的確に述べていますね。このsuitはビジネスではよく使われます。名詞の「スーツ」という意味だけでなく、動詞の「適する、好都合である」などの意味もぜひ覚えてくださいね。
What time will you suit best?
何時が一番ご都合がよろしいでしょうか?
My new job suits me fine.
私の新しい仕事は私にぴったりです。

First Class

Maybe I'm not the right person for that job.
多分、私はその仕事にはふさわしくないと思うのですが…。
Maybeを使うことによって、柔らかい言い方になっていて、しかもnot rightで「ふさわしくない」という「自分が力不足で…」に近いニュアンスで謙虚に答えています。rightには「正しい」以外にも「適切な、都合がよい、好ましい」などの意味もありますので、覚えておきましょう。
"the right man in the right place" 適材適所
He is the right man for the position.
彼はその地位にふさわしい。
Is everything going all right?
すべてうまくいっていますか?

SITUATION 32

「(ご準備が) よろしければこちらにどうぞ」と、ご案内したい時に…

Follow me.
「ついてきなさいよ」

と、恐ろしいことを言っていませんか？

▶ EPISODE

ファーストクラスに乗りなれていらっしゃる常連のお客様たちには共通点がいくつかありました。そのうちのひとつが「CAの手を決して煩わせない」。と言うと言い方が変ですが（だって私たちCAは手を煩わされるのがお仕事の大事な部分なのですから…）、本当に何でもご自身でなさってしまうのです。搭乗される時も、お座席のご案内など「勝手知ったる我が家」なので、「よろしく」とおっしゃってご自身の席に向かいます。ご搭乗時…これはお客様たちにとっても「旅の初め」ですが、私たちCAにとっても、大事な「仕事始め」の瞬間です。ここで「今日もいいサービスをさせていただこう」と思わせてくださる方が、ファーストクラスには多かったです。

Business Class

This way, please.
こちらへどうぞ。
これはCAの英語マニュアルにも載っています。ご案内の時の丁寧な言い方ですね。海外で、レストランなどでレセプションから席へ案内される時も、ほとんどこう話しかけてくれます。これだけでなく「by name」は欧米も日本も共通で、「アルジャー様、こちらへどうぞ」なら"Mr. Alger, this way, please."が普通ですね。

First Class

Could you come this way, if you don't mind?
（ご準備が）よろしければこちらへどうぞ…。
if you don't mind「よろしければ」を入れることによって相手を急かさない気遣いが出ていますね。このファーストクラス表現集に共通しているのは、「相手を気遣う」余裕です。ぜひ、そこであなたの英会話力をワンランク上げましょう。"way"には「道」だけでなく「方法、習慣」などの意味があり、イディオムもたくさん大切なものがあります。
"all the way"「はるばる」
Mrs. Howells came all the way from London.
ハウェルさんははるばるロンドンからいらしたんですよ。
"be a long way from 〜"「〜どころではない」
His thesis is still a long way from perfection.
彼の論文はまだ完ぺきには程遠いのです。

SITUATION 33

自分が話している途中で、聞いていないと思われる相手に「お聞きいただけますでしょうか？」と言いたいのに…

Are you listening?
「ちょっと、聞いてるの？」

と、がらの悪い言い方をしていませんか？

▶ EXPLANATION

"listening" と "hearing" の違いを理解して使い分けている人はあまり多くない気がします。皆さんはいかがですか？ ヒアリングは「ただ聞こえている感じ」で、リスニングは「聞き取った内容を理解すること」という具合に、違っています。別の言い方をすれば、ヒアリングは「耳」で聞く動作、リスニングは「心や脳」で受け取る動作でしょう。使い方を間違えないようにしましょう。「あなたのおっしゃっていることが聞こえません」だったら、音が聞こえないのですから "hear" を使い、"I can't hear you." 「ちゃんと聞いていますよ。お話を続けてください」だったら、ちゃんと受け止めて聞いているので "listen(ing)" を使い "I'm listening." と言います。
He won't listen to me.
彼は私の言うことに耳を傾けようとしない。

Business Class

Have I got your attention?
お聞きいただいてますか？
attentionを使うことで、直接的でなく「こちらに注目していただいてますか？」というニュアンスで話しているので、キツい感じがしませんね。
May I have your attention, please?
お聞きいただけますでしょうか？

First Class

Excuse me, but did you manage to catch that?
申し訳ないのですが、できましたらお聞きいただけますか？
manage to ～「なんとか～する」を使うことによって、相手にも話を聞かない事情があるかもしれないことを考慮して、「できるだけ～していただきたい」という気持ちを表しています。このmanage to は、ビジネス英語では頻出の熟語ですので、覚えてくださいね。
"catch" も「捕まえる」以外に「(人の話などが) 分かる」という意味でよく使われますので、覚えておきましょうね。
I didn't catch your name. Would you repeat it, please?
お名前が聞き取れなかったのですが、もう一度おっしゃっていただけますか？

SITUATION 34

「(同僚の) 上野さんはファックスを修理してくれています」と感謝の気持ちを込めて言いたいのに…

Mr.Ueno repairs the fax machine.
「上野さんはファックス修理技師です」

なんて、失礼なジョーク(!?)を言っていませんか?

▶ E X P L A N A T I O N

"repair"と"fix"の使い方の微妙な違いをご存じですか? "fix"はプロでなくともできる修理の類を表し、"repair"は、プロ、つまり技師や職人さんのする修理の類を表します。ですので、上の表現の場合は、同僚の上野さんが、プロではないけれど修理する能力があってボランティアでやってくれている状況を言いたいのですから、"repair"を使ったら逆に失礼になりますね。

We fixed the broken vase.
私たちは割れた花瓶の修理をしました。
I would like to have my car repaired.
車を直していただきたいのですが…。

Business Class

Mr.Ueno is fixing the fax machine.
上野さんはファックスを修理しています。
fixを使うことで、上野さんが素人が直せる程度の修理をしていることが分かりますね。fixには「修理する」以外に「固定する、設定する」などの意味もあります。
We should fix the prices.
私たちは価格を定めるべきです。
I would like to fix when we will start.
いつ出発するか決めたいのですが…。

First Class

Mr.Ueno has the ability to fix the fax machine, so he is doing it now.
上野さんはファックスを直すことができるそうで、今修理をしてくれています。
上野さんはプロでもないのに、ファックス修理のような細かい作業が得意なので、自分の仕事でもないのにしてくれているという感謝の気持ちも含まれた表現ですね。ポイントは"ability"という単語ですね。能力があって「すごいな〜」という感じが出ています。この単語の使い方も覚えておきましょう。
He has unusual ability in writing.
彼は非凡な文才に恵まれています。
The task exceeds my abilities.
その仕事は私の能力を超えています。

SITUATION 35

「新しいパンフレットについてよく検討してください」と、真剣に考えてほしいと言いたいのに…

> **Think about the new brochure, please.**
> 「新しいパンフレットについて、一応考えてみて〜」

と、やる気がない感じで言っていませんか?

▶ **EXPLANATION & ADVICE**

ビジネスで使う英語では、「やる気」を示す表現はとても大事なポイントですね。"think" は、漠然と表面的に考えるイメージや、思い描くイメージですので、なんとなく「どーでもいいけど、一応考えてみて〜」というふうに聞こえてしまうこともあります。相手に真剣に検討してほしい時には、"consider"(熟考する)という単語を使いましょう。これは重要単語です!

I must consider a plan before carrying it out.
実行に移す前に、計画をよく練らなければならない。
Why don't we consider whether we can reduce the cost?
コストを下げることができるかどうかよく考えてみませんか。"reduce" 減少させる、変えられる、分裂する

Business Class

Please give me some thought to the new brochure.
新しいパンフレットについてお考えを聞かせてください。
"think"「考える」の名詞形の"thought"「思案、熟考、考慮」を使っているところが、ネイティブ的ですね。
I have never given any thought to the matter.
そのことには思いも及びませんでした。

First Class

Would you give me your careful consideration to the new brochure?
新しいパンフレットについてのあなたのお考えを聞かせていただけませんか？
considerを名詞形のconsiderationにしていますね。
"take 〜 into consideration" 〜を考慮する
He takes that possibility into consideration.
彼はその可能性を考慮に入れます。
"under consideration" 考慮中で
This side of the question is not under consideration here.
その問題のこの面はここでは考慮されていません。

大 事 な 単 語 ！

brochureとpamphletの違いについて。
英語ではpamphletは数ページ程度の小冊子を意味し、brochureはしっかりした紙を使ったカタログや会社案内などのことを意味します。きちんと区別して使いましょうね。

SITUATION 36

「予算について教えていただきたいのですが」と、丁寧に聞きたいのに…

> **I want you to tell me the budget.**
> 「予算について教えなさいよね…分かった?」

と、威張って言っていませんか?

▶ EXPLANATION

I want 人 to 動詞の原形（私は〜に…してほしい）はどちらかというとネイティブには「〜してよね」というキツい言い方に聞こえるのです。文法的には間違っていませんが、ビジネスで使うにはちょっとふさわしくありませんね。それはともかくとしても、これに似た構文は覚えておいたほうが良いものがあります。

I advise 人 to 動詞の原形
I advise you to come back at once.
私はあなたに今すぐに帰るように忠告する。
I promise 人 to 動詞の原形
He promised me to come again.
彼はまた来ると約束しました。

Business Class

I would like you to tell me the budget.
予算について教えていただきたいのです。
want を丁寧に表現する時には、would like to 動詞の原形ですね。

First Class

Could I have a glance at the budget?
ちょっと予算について目を通させていただけますでしょうか?
許可を求める丁寧な聞き方のCould I ~?に加えて「ちょっと拝見したい」というglanceを使っているところがおしゃれですね。glanceは動詞の意味は「ちらっと見る、ざっと目を通す」で、名詞の意味は「一瞥(いちべつ)、ひらめき」などです。
I took a glance at the newspaper headlines this morning.
私は今朝新聞の見出しをざっと見た。
She glanced up from her work.
彼女は仕事の手を休めてちらっと見上げた。

大 事 な 単 語 !

budgetはビジネス頻出単語です。「予算」という名詞の意味と、「予算を立てる」という動詞の意味があります。
within budget 予算内で　balance the budget 収支の均衡をとる　budget committee 予算委員会
We should budget for the coming year.
来年度の予算を立てるべきですね。

SITUATION 37

「お話ししたことはお分かりいただけましたか?」と、丁寧に聞きたいのに…

Do I make myself clear?

「言ったこと、分かったの（イライラ）?」

と、怒ったように聞いていませんか?

▶ EPISODE

相手の思いをキャッチすることは、よく知った仲でも難しいのに、しかも初対面の方々の思いを短時間で受け止めなければならないのがCAです。私たちの時代は、「お客様のお顔を見て"何かご希望されているな…"と、気付きなさい」と、訓練中に教官によく言われたものです。そういう「勘」が鈍いとCAとしては失格かもしれませんね。お客様から「毛布」をリクエストされる前に、「お寒いですか?」と、声をかけられる感覚が、一流のCAの要素のひとつだと思っています。この「感覚」は長年のCA生活の中で身に付いたものなので、退いた後でも消えるものではありません。今でも、この"感覚"に助けられることが多いですね。

Business Class

Did I make myself clear?
私の言ったことが分かりましたか？
DoをDidにしただけですが、これで普通の聞き方になります。Doを使うと怒った聞き方になるので要注意！
Did you understand me?を使っても同じ意味になります。

First Class

Is there anything you didn't understand?
何か分からないことはありましたか？
Do you have any questions?
何かご質問はございますか？
分かったかどうかを直接尋ねるよりも、分からなかった点を尋ねるこの聞き方のほうが、質問がある人も聞きやすいですよね。

基 本 的 な こ と で す が … ! ?

日本語は数には割と無頓着な言語ですが、英語は違います。数にはとても神経質です。単数形と複数形では動詞の使い方が変わってしまうくらいですから、大事さはお分かりいただけますよね？　上の文のanyの後が複数形になっていますね。any、someの後が数えられる名詞の時には、必ず複数形にしてくださいね。同様に数を聞く文章 How many 〜?でも、必ずmanyの後の名詞は複数形にすることをお忘れなく…。

How many samples do you have?
見本をいくつお持ちでしょうか？

SITUATION 38

「当社は午後6時まで営業いたしております」と、お客様にご案内したいのに…

{ **Our office is in business until 6PM.**
「当社は午後6時で倒産いたします」}

なんて、不吉なことを言っていませんか？

▶ E X P L A N A T I O N

英語においてよく誤解されがちな表現のひとつです。"be in business" は、「商売している、実業界にいる」という意味です。この文章だと、「午後6時までは商売しているけれども、それ以降はしていない」、つまり「商売をたたむ＝倒産する」というニュアンスを含んでしまうのです。辞書を引いただけでは、何も書いていないので、こういう使い方をする人がかなりいたのには、驚きました。恥をかかないようにするためにも、これは覚えておいてくださいね。businessにもたくさんの大事なイディオムがあります。"get down to business" 本腰を入れて仕事に取りかかる "go out of business" 倒産する "make it one's business to do" 責任を持って〜する "on business" 商用で、用事で

Business Class

Our business hours are up to 6PM.
当社の営業時間は午後6時までです。
この up to を up until に置き換えても意味は同じです。さて、皆さんは「by」と「until」の使い分けをしっかりご存じですか？　どちらも日本語訳は「〜まで」ですが、内容が違います。使い分けなければなりません。まず「by」は「それまでに〜する」という期限や締め切りのようなイメージです。が、一方「until」は、継続した状態の終わりの「まで」を表します。例文で理解してください。

I will have finished this job by tomorrow.
明日までにはこの仕事を完了しているつもりです。

I watched the DVD until after midnight.
私は真夜中過ぎまでそのDVDを見ていました。

First Class

Our office operates until 6PM.
当社は午後6時まで営業しております。
operateという単語には馴染みがありますか？　これもビジネス頻出単語です。「仕事をする、働く、事業をする、手術する」など意味もさまざまですので、ぜひ、覚えましょう。

Our firm operates overseas.
私たちの会社は外国で事業をしております。

This fax machine doesn't operate properly.
このファックスはうまく作動しないのです。

SITUATION 39

「親切なお申し出ありがとうございます。でも、自分でなんとかします」と、言いたいのに…

{ I don't need your help. }
「あなたの助けなんていらないわよ」

と、すごく感じの悪い言い方をしていませんか？

▶ E P I S O D E

夜出発の便では（特にホノルル線）、必ずと言ってよいほど具合の悪いお客様が出ました。昼間お仕事をされて疲れて乗っていらして、「さあ、これからバカンス」と思ってお酒を飲み始めて、お手洗いに立った時に貧血になって倒れる…というパターンがとても多かったです。お疲れのところに地上よりも気圧の関係でアルコールの廻り方が早いことをご存じなくて、いつもより飲み過ぎたらてきめんです。CAはどんな時でも表情ひとつ変えず、看護に当たれるのも、訓練の賜物です。私たちの顔色が変わったら、倒れているお客様たちはもっと不安になりますものね。看護はお任せください。でも、くれぐれも飲み過ぎにはご注意くださいませ…。

Business Class

I can manage. Thank you.
自分で何とかできます。ありがとう。
manageは「経営する」以外に、「manage to 動詞の原形」で、「何とか〜する、やり遂げる」という意味があり、よく使われます。
We managed to solve the problem.
私たちは何とかその問題を解決しました。
Did you manage to get any sleep on the plane?
なんとか飛行機の中で眠れましたか？

First Class

Thank you for your offer, but I'm Okay.
お申し出ありがとうございます。でも、大丈夫です。
こう言われると、相手も「では、がんばってくださいね」という気持ちになりますよね。offerも大事な単語で、特にビジネスでは頻出です。動詞は「提供する、申し込む、ささげる」、名詞は「申し出提案、申し込み」です。
I haven't decided whether to accept her offer.
彼女の申し出を受けるかどうかは、まだ決めていません。
cancel an offer 申し出を取り消す
decline an offer 申し出を断る
embrace an offer 申し出に応じる
reconsider an offer 提案を再検討する
How much will you offer for these products?
これらの製品においくら出せますか？

SITUATION 40

「少し手伝っていただけませんでしょうか?」と、相手にお願いしたいのに…

Please help me.
「緊急事態発生! 助けて〜」

と、大げさに言い過ぎていませんか?

▶ E P I S O D E

「助ける」という意味では、CAは保安要員です。あってはいけませんが、万が一の事故があった時には、お客様を全員先に脱出させ、自分たちは最後に脱出するというのが、絶対事項です。その万が一の時に備えて、私たちは訓練所で本番さながらの事故を想定した中で、厳しい訓練を受けました。本物の飛行機と同じ物が訓練所にはあり、緊急着陸した時の機内が(煙が出たり、真っ暗になったり、着水した時と同じ場面はプールが海の代わりになったり)再現できるようになっています。マニュアルは広辞苑より厚く、小さな文字で書かれていて、それを全部覚えねばテストに合格できない=飛べないので必死でしたね。今思えば、責任感の強さは、あの訓練で養われたのだと思います。

Business Class

Could you give me a hand?
手伝っていただけませんか？
直訳ですが、礼儀正しいお願いの仕方ですね。hand は「手」以外に「手渡す」という動詞の意味もあります。イディオムもいろいろありますので覚えましょう。
from hand to hand 次々に
get one's hands dirty 不正に関与する
in safe hands 確かな人に任せて
keep one's hands off 〜に干渉しない
make a hand もうける、成功する
Could you hand the notice to the neighborhood?
その通知をご近所に回していただけますか？
You have to hand it to her. She's really made a success of that company.
あなたは彼女に脱帽すべきですよ。だって、彼女はあの会社をとても成功させたのですからね。

First Class

Could I get(have) some help with this?
ちょっとこれを手伝っていただけませんか？
これもhelpを名詞として使うことによって自然な表現になっています。helpを動詞で使うのは、ちょっと手伝うというよりは深刻に助けてほしいという時のほうが、適しています。

SITUATION 41

「新製品で利益を上げることを目指してがんばります」と、やる気満々で言いたいのに…

> **We will try to make a profit on new products.**
> 「新製品で売り上げを上げるようにやってみます」

と、不安げに言っていませんか？

▶ E X P L A N A T I O N

try to は「試みる、やってみる（努力する）」という意味なので、一見正しい用法のように見えますが、これだとネイティブにはなんとも頼りなく聞こえてしまいます。しかも、この表題の文章では、はっきりとした「利益を上げる」という目標があるので、ここでは「やる気」を見せるためにも、ぜひ、別の言い方をしましょう。ビジネスで欧米人とやり取りする場合や、外資系の企業で働く場合は、こういったはっきりとした「やる気」の見せ方が重要です。

Business Class

We aim to make a profit on new products .
新製品で利益を上げることを目指します。
aimを使うことで、目指したり努力する感じが強く、しかもゴールに向かって実行する意欲の大きさが見えます。aimには「(銃などで) ねらう、意図する、もくろむ、努力する」の意味があります。
aim high 望みを高く持つ
The advertisement is aimed at the 30-to-40 age group.
その広告は30－40歳の人たちを対象にしています。

First Class

We dedicate ourselves to increase our profit margin through new products range.
私たちは新製品で利益を増すことに100％専念します！
非常にやる気のある言い方です。dedicate「専念する、打ちこむ、捧げる」を使うことによって、一生懸命に向かう姿勢が明確に相手に伝わります。

重　　　要　　　単　　　語　　　！　　　！

ビジネスでよく使う"advantage" "benefit" "profit"はどれも「利益」という意味を持ちますが、内容が違うので使い分けが必要です。
advantage 苦労したり競合の結果、有利な立場になったもの　benefit 社会的・個人的な状況をよくするもの
profit 金銭的利得をもたらすもの

SITUATION 42

「さあ、会議を終わりにしましょう」と、「お疲れさまでした」の気持ちをこめて言いたいのに…

$$\left\{ \begin{array}{c} \textbf{Let's finish} \\ \textbf{the meeting.} \\ \text{「とっととこんな会議は終わらせよう」} \end{array} \right\}$$

なんて、士気を下げるようなことを言っていませんか?

▶ E P I S O D E

飛び始めた頃は午後のフライトが多く到着する時間帯になると、会社のオペレーションセンター（CAたちが出社する場所）の前には、高級外車の列ができていました。当時、新人だった私には、不思議な光景でした。国産車は一台もなく、しかも、運転席には皆、素敵な男性方がいて…そうなのです。皆さん、CAたちのボーイフレンドや、ご主人様だったのです。国際線ですからフライトに出るとしばらく会えないので、一刻も早く会いたくてお迎えにいらしていたのです。しかし、日本の経済が下向くと、この列はいつの間にかなくなっていきました。こんな所でも、日本の経済が見えるなんて、面白いな〜、と当時、思っていた私です。

Business Class

It's time to wind the meeting up.
ミーティングをお開きにする時間ですね
wind（動詞）をご存じでしたか？「曲がる、まきつく、（時計などのねじを）巻く」などの意味があり、wind upで「やめる、けりをつける」という意味です。

The speaker wound up with thanking everyone.
講師は皆に来場のお礼を述べて講話を締めくくりました。

Mr. Hall will wind up nowhere.
ホールさんは失敗するだろうね。

First Class

I think we have covered everything now.
すべてのことについて話し終わりましたね。
coverは「おおう」以外に「扱う、〜にわたる、適用される」などの意味があります。

The incident was covered adequately in the press.
その出来事は十分に新聞で取り上げられた。

This book covers the subject thoroughly.
この本はその問題について徹底的に扱っている。

―――――― ココが失敗！！ ――――――

表題のLet'sを使うと、「会議を早く終えよう！」という感じが強く出過ぎてしまうのでNGです。Let'sはもう少しポジティブな場面、カジュアルに使える場で（例えば、友人や家族同士の時など）使いましょう。

SITUATION 43

経営者が「私は自分の経営する会社が好きです」と、言いたいのに…

{ **I like my job.**
「私は自分の仕事が好きです」 }

と、ちょっとニュアンスの違うことを言っていませんか?

▶ E P I S O D E

自分の仕事をずっと好きでいることは難しいと思うのですが、CA時代に本当に仕事が辛そうな大先輩がいました。本当にとても善い人で、美人でいつも平淡で優しい大先輩で、私は大好きだったのですが、彼女のフライトではなぜか、いつも必ず大きな問題が起きてしまうことで有名でした。私はフライト人生で一度も怖い目に遭うことなく、大きな揉め事に巻き込まれたこともなかったのですが、その大先輩とご一緒した時だけ、やはり…心臓発作を起こした方がいらして、酸素マスク着用のまま、私がアテンドを任命され、その方の隣に付き添いながらの着陸でした。着陸後、救急車が成田で待機していて、そのまま病院へ運ばれました。一命は取り留めましたので本当に良かったと思っています。あの大先輩は、まだ飛んでいるのでしょうか…。

Business Class

I enjoy running my business.
私は会社を経営することを楽しんでいます。
runには「経営する」という意味がありましたね。文法的に言ってenjoyは後ろに動名詞しか取れない動詞ですので、決してenjoy to runとはできません。このように動名詞しか取れない動詞は他にもあります。
Have you finished reading it?
それを読み終わりましたか？
Would you mind helping me?
すみませんが手伝ってくださいますか？

First Class

My business gives me great satisfaction.
私は私の会社にとても満足しています。
このように言うと、とても現状に満足している気持ちが見えます。日本人はなかなかこういう自画自賛（!?）はしませんが、欧米人は決して嫌味でなく、サラッとこういうふうに言います。

ここ が ポ イ ン ト ！

jobとbusinessの違いを知っておきましょう。businessは事業や商売などを表すのに対して、jobは請け負っている仕事や、職などを表します。ですので、サラリーマンの方が会社でしているのはjob もしくはworkで、自営の方はbusinessということになりますね。

SITUATION 44

「この仕事は大変だな(でも、やりがいがあるな)」と、言いたいのに…

{ **This job is tough.**
「この仕事に苦しめられてるよ…」}

と、悲観的なことを言っていませんか?

▶ E P I S O D E

まさにCAのお仕事はこの「大変だけれどもやりがいのあるお仕事」でした。入社後、地上訓練を3ヵ月、国際線の訓練をさらに3ヵ月受けて、やっと飛びたてるのですが、訓練初日、大奥のお局様ならぬシニアの教官が私たちに言ったこと…「あなたたちは一歩飛行機に足を踏み入れたら女優です。どんなことがあっても、たとえ昨日彼氏と別れても、ご両親が亡くなられても、機内に入ったらそれを見せてはいけません。笑って仕事に挑むのです」。私は心の中で「じょ、じょゆう??? お笑いならいけるかもしれないけれど、"じょゆう"は無理でしょう…」と思いましたが、訓練とはすごいものですね。女優にはなれませんが、なにがあっても仕事中に、私生活を出さないことは身につきました。

Business Class

This job is very challenging.
この仕事はとてもやりがいがあります。
challenging「興味をそそる、やりがいのある」を使うことでその仕事の難しいけれども楽しい感じが出ていますね。
Planning an opening ceremony for over 1000 guests will be very challenging.
1000人を超える来客のオープニングセレモニーを計画するのは難しいですが、やりがいがあります。

First Class

This job is extremely hard, but I love to do this.
この仕事はかなり大変ですが、私は大好きです。
かなり大変そうな様子がextremely（極度に、きわめて）で分かりますが、それでも好きだということがよく伝わります。

こ こ が ポ イ ン ト ！ ！

toughとhardの違いをきちんと区別できていますか？どちらも日本語訳は「難しい」ですが、hard は難しいけれどもやりがいのある感じで、toughは内容の大変さだけでなく精神的負荷も大きい難しさを言い表します。これは、仕事だけでなく、物の硬さにも使う表現ですが、例えばお肉が解凍できていなくてカチンコチンに硬い時はhard。安いお肉なので硬い時や焼き過ぎてしまって硬くなってしまった時にはtoughを使うのです。しっかり使い分けましょうね。

SITUATION 45

「(電話で) どちらさまですか?」と、聞きたいのに…

Who are you?
「あんた、誰よ?」

と、品のかけらもないことを言っていませんか?

▶ E X P L A N A T I O N

「電話で英語のやり取りができるようになったら一人前」と言われるくらい、顔もジェスチャーも見えない電話での会話は英会話の一番難しいところです。話し方は十人十色 (Several men, several minds.) ですから、訛も癖もいろいろでかなりのリスニング力が必要になります。この "Who are you?" はもちろん非常識ですが、同じように "Who is this?"「誰なの?」もいけませんよ。電話ではお互いに顔が見えないのですから、丁寧過ぎるくらい丁寧でちょうどよいのです。"Who is calling?"「どちらさまですか?」が一番スタンダードな聞き方でよく電話で使われていると思います。最低でも、この言い方は覚えましょう。

104

Business Class

May I ask who's calling?
どちらさまでしょうか？

First Class

I'm sorry. I don't think we have spoken before.
申し訳ないのですが、初めてお話しする気がするのですが…。
こう言った後に、ビジネスクラスの聞き方で聞くと、とても丁寧な表現になりますね。

電 話 で 使 う 英 語 表 現 1

いくつか電話で使いそうな英語表現を勉強しましょう。
●電話番号を聞きたい時
May I have the number for your company?
あなたの会社の電話番号を教えていただけますか？
●電話をかけ直す時
Shall I have him call back later?
彼に後ほど電話させましょうか？
●電話をかけ直してもらう時
Please have him call me at 777-7777-7777.
彼に777-7777-7777までお電話をくださるようにお伝えください。
●用件を聞く時
May I ask what it is in regard to?
どういったご用件なのでしょうか？

105

SITUATION 46

「(電話で) 接続が悪いようなのですが」と、言いたいのに…

{ **I can not hear you.**
「よく聞こえないのよ!」 }

と、失礼極まりない言い方をしていませんか?

▶ E X P L A N A T I O N

hear you の部分はやや直接的ではありますが、間違いではありません。ただ、ここではcanとnotが短縮されていませんね。もし、少しでも口調を強く言えば、これは相手にはとても強く聞こえてしまい「よく聞こえないわよ!」になってしまうのです。英語には短縮形を使ったほうがマイルドな表現になることが多々あります。逆に怒っていることを伝えたい時にはわざわざ一語一語を区切って強く言うのです。最低でも "I can't hear you." 「聞こえないのですが…」くらいは言えるようになりましょう。聞き取りにくくて、名前を聞き返す時には "May I have your name again?"「もう一度お名前をお願いできますでしょうか?」と言うのがスタンダードです。決して "What is your name again?" などとは失礼にあたるので言わないようにしてくださいね。

Business Class

The connection is not so good.
接続があまり良くないです。
connectionには「接続、連結、縁故、連絡」などの意味がありビジネス頻出です。

I would like to establish a good connection with your firm.
私はあなたの会社と良い取引関係を結びたいのですが…。

First Class

We seem to have a bad line(connection).
接続が悪いようなのですが…。
We seemを使うことによって、断定でなく「～のようですが…」と言ったほうが、この状況のようにどちらに原因があるのか分からないケースでは、失礼にあたらないので、安心して使えます。

電 話 で 使 う 英 語 表 現 2

●電話が混線している時
It seems that the lines are crossed.
電話が混線しているようですが…。

●名前のスペルを教えてほしい時
I couldn't catch your name. How do you spell your name?
お名前が聞き取れなかったのですが、スペルを教えていただけますでしょうか？

SITUATION 47

「(電話で) ホワイトさんとお話ししたいのですが」と、言いたいのに…

{ **I want to talk with Mr. White.**
「ホワイトさんと話したいよ〜」 }

と、子どもっぽい言い方をしていませんか?

▶ E X P L A N A T I O N

以前にも出てきましたね。「want to 〜」は子どもっぽい言い方に取られることも多いので、ビジネスでは使わないようにしましょう。talkとspeakの使い分けは大丈夫でしょうか? 一度おさらいしておきましょう。
talk…普通聞き手が必要です
speak…聞き手がいなくても良いです
talk with…話す、相談する
I need to talk with you about this charge.
この経費について話し合う必要がありますね。
speak to…話しかける
The stranger spoke to me at the station.
駅で見知らぬ人が話しかけてきました。

Business Class

Is it possible to talk with Mr. White?
ホワイトさんとお話しできますでしょうか？
Is it possible to 〜?「〜することはできますでしょうか？」。とても丁寧な言い方ですね。こういう頼み方が電話でできると、最初から相手に好印象を与えます。

First Class

Could you put me through to Mr. White?
ホワイトさんにつないでいただけますか？
put through「電話をつなぐ」は必ず覚えましょう。putにはよく使うイディオムがたくさんありますので、いくつか覚えましょう。
put ahead （時計を）進ませる
put aside 脇に置く
put forward （意見・案などを）出す
put together 組み立てる
put up with 我慢する

電 話 で 使 う 英 語 表 現 3

●電話の取り次ぎをする時
Let me transfer your call.
電話をお回しいたしましょう。

SITUATION 48

「彼女は今、他の電話に出ておりますが」と、言いたいのに…

{ **She is talking now.**
「彼女は今、おしゃべり中です」 }

と、なんとも常識のない言い方をしていませんか?

▶ E P I S O D E

機内にあるインターフォンですが、あれはCA同士やパイロットとの連絡のためだけでなく、機内アナウンスのマイクとしても使用します。機内アナウンスはグレードの高い人だけがアサインされます。良いグレードをいただいていた私は、よく担当させていただきました。長年一緒のグループだったチーフパーサーは、とてもダンディで、いつもお客様を自分の方に惹きつけてしまうような機内の雰囲気を作り出せる方でした。夜出発の便では「荒井、今日は夜の雰囲気でアナウンスよろしくな」と、頼まれました。夜の雰囲気? 別に銀座のお姉さん風になるのではありませんよ。少し声のトーンを自前の声より落とし、ペースも少しゆっくりにするだけのことです。でも、これがなぜかとても好評でした。

Business Class

I'm sorry. Her line is busy now.
申し訳ございません。彼女は今、話し中ですが…。
「彼女の電話線は忙しいです」という直訳ですが、イメージが湧きますね。busyはこんなふうにも使うのですよ。busy beeは「よく働く人、勤勉な人」という意味ですが、これもいつもブンブンと音を立てて忙しく飛び回る蜂をイメージすると、覚えやすいですよ。

First Class

I'm sorry. She is on another call at the moment.
申し訳ございません。彼女は今、他の電話に出ておりますが…。
be on another call「他の電話に出ている」という表現がサラッと使えると、ネイティブ度が上がります。

電 話 で 使 う 英 語 表 現 4

●席を外していることを言いたい時
She is not at her desk, but she should be back soon.
彼女は席を外しておりますが、すぐに戻ってくると思います。

●休暇中の旨を伝えたい時
She is on vacation this week.
彼女は今週、休暇をとっているのですが…。

SITUATION 49

「(電話で) 間違えておかけのようですが」と、言いたいのに…

{ **You dialed the wrong number.**
「番号間違えてるわよ!」 }

などと、失礼で感じの悪い言い方をしていませんか?

▶ EPISODE

CAの頃は世界各国のホテルに滞在しましたが、ホテルのオペレーターの対応で、一番レベルにムラのなかったのは日本です。欧米のホテルでは、それこそ上記のような言い方をするオペレーターから、話し方と声の美しい人まで、さまざまでした。日本ではあまり見ませんが(聞きませんが?)、男性のオペレーターが、外国では多かったですね。ところで皆さん、もし、ホテルの部屋のティッシュペーパーがなくなって、ハウスキーピング(housekeeping)に持ってきてもらうように頼む時に、何と言いますか? アメリカでは "Could you bring the Kleenex?" と言う人が多いのです。ティッシュといえばクリネックスなのでしょうね。覚えておくと便利ですよ。

112

Business Class

I am afraid that you have the wrong number.
間違っておかけのようですが…。
断定の表現でなく I'm afraid that 節の使い方をすることで相手のミスを責める感じがなくなります。この文章を言った後に、
What number are you calling?
何番におかけですか？
と、付け加えて聞けば、より良い対応ですね。

First Class

I'm afraid that you have come through another number.
間違った番号におかけのようですが…。
非常にネイティブ的で、しかも丁寧な言い方です。ロンドンの五つ星ホテルで内線で間違えてかけてしまった時にオペレーターがこう言っていて、とても上品でしたよ。

電 話 で 使 う 英 語 表 現 5

●コレクトコールをかけたい時
I would like to place a collect call to Ms.Albee.
オールビーさんにコレクトコールをしたいのですが…。
●コレクトコールを受ける時
This is a collect call from Mr. Calvin. Would you accept this?
カルビンさんからコレクトコールでございます。お受けになられますか？

SITUATION 50

「(電話で) クリスはもうこちらには勤務しておりません」と、言いたい時に…

{ **Chris quitted.**
「クリス、辞めたよ」 }

と、ぶっきらぼうな言い方をしていませんか？

▶ EPISODE

ラストフライトには偶然、好感度150％の俳優さんと女性歌手のカップルが乗っていらっしゃいました。CAも人間ですから、やはり素敵なお客様がいらっしゃると、嬉しくなるものです。しかもこの方々、本当に礼儀正しかったのです。まだ20代だったお二人なのに、何をサービスしても必ず目を見て「ありがとう」とおっしゃり、何か頼む時も「申し訳ありませんが…」と、おっしゃる。著名人、芸能人の方々の、非常に傲慢な態度を見慣れていた私には衝撃的でした。今、その俳優さんを見るたびに、あのラストフライトを思い出します。「生まれ変わったら何になりたいですか？」と聞かれたら、やはり「JALのCAになりたい」と答えると思います。でも、「5年で退職して時事を扱うニュースキャスターにそして政治家になりたいです」と付け加えましょうか (笑)。

Business Class

Chris handed in her notice.
クリスは退職届を提出しております。
hand in 提出する　notice 辞職届
これらの表現が、たった2語の"Chris quitted."よりもずっと表現として洗練されたものにしています。しかも、これは日本人がそうそう使い慣れているものではないようです。ぜひ、ここでマスターしてください。

First Class

Chris is no longer working here.
クリスはもうこちらでは働いておりません。
非常にシンプルで単語も難しいものは何もなく、すぐに使えそうですね。「辞める」という言葉を含んでいないのが、柔らかい言い方にさせていて良いですね。

電 話 で 使 う 英 語 表 現　6

●転勤で他の支店で勤務している場合
She has been transferred to the London branch office.
彼女はロンドン支店に転勤になりました。

●留守番電話にメッセージを入れる時
This is Yae speaking. As soon as you get this message, please call me at 777-777-7778.
もしもし、弥栄です。このメッセージを聞いたらすぐに777-777-7778にお電話ください。

SITUATION 51

「私のお給料は安いです」と、言いたい時に…

{ **My wage is cheap.**
「私の肉体労働賃金は
お買い得品です」 }

なんて、少し的外れなことを
言っていませんか?

▶ E P I S O D E

肉体労働と言えば、まさにCAのお仕事は肉体労働です。20キロ近いカートを押したり引いたり、重いピギーバッグを頼まれれば持ち上げたり、とにかく健康第一のお仕事です。狭い機内ですので、無理な姿勢を強いられることも多く、腰痛になる人も多いです。かくいう私も、ぎっくり腰になってしまったことがあります。お酒のカートを引いている間に…一歩も歩けなくなりそのまま業務をストップさせていただき、成田到着時は歩けないので車椅子で病院へ直行でした。成田空港で車椅子に乗ったCAを皆さん奇異な目で見ていらっしゃいました…恥ずかしい思い出のひとつです。

Business Class

My salary is low.
お給料は安いです。
これはかなりストレートな言い方ですね。
I don't make much money.
そんなに稼いでいませんよ。
のほうが少し和らぎますね。make moneyには「もうける、お金を得る」という意味もあるのですよ。

First Class

I earn a modest income.
私の収入はあまりよくないのですよ。
modestを使う辺りが非常に上品なネイティブの雰囲気たっぷりです。modest「控えめな、適度の、質素な、(金額などが)大きくない」

重　要　単　語　！　！

wage とsalaryの違いを知っていますか？
wage　肉体労働に関する賃金、時間給、日給、週給
My wages are $800 a week.
私は週給800ドルもらっています。
salary　常勤者に払われる固定給
We will get a 6 percent salary increase.
私たちのお給料は、今年6％上がります。
She doesn't earn her salary.
彼女は給料分の仕事をしていないです。

SITUATION 52

「(申し訳ないけれど) お手伝いできないのです」と、本当にすまない気持ちでいっぱいなのに…

I won't help you.
「手伝う気なんてさらさらないわよ」

なんて、人格を疑われるようなことを言っていませんか？

▶ EXPLANATION

"I won't 〜." というのは自分の非常に固い意志を表すので「〜なんてする気はないわ」という意味になってしまいます。こんな答え方をしたら、人間関係が壊れてしまいますね。もう少し丁寧に、"I'm afraid I can't help." のように、今までに学習した "I'm afraid (that) 〜." を使って「すみませんがお手伝いできません」くらいは言えるようにしましょうね。このように助動詞は使い方が難しいですね。例えば should ですが、「〜すべき」だけでなく「〜のはずだ」という意味もあり、これも覚えていないと困りますよ。"I am leaving home now. I should get to the office in 30 minutes." 「私は今、家を出ます。30分以内には会社に着くはずです」

Business Class

I'm sorry, but I'm completely snowed under.
申し訳ありませんが、私は本当に多忙なのです。
「忙しい」にいつも"busy"を使っていませんか？ "be snowed under"で「(仕事などで) 多忙である」という意味になります。雪の下に埋まってしまうほど、仕事が山積みなのですね…英語脳的なイメージで、おしゃれな表現ですので、ぜひマスターしてください。

First Class

I'd like to help you, but time won't permit at the moment.
お手伝いした気持ちは山々ですが、今、時間が許さないのです。
本当にお手伝いしたい気持ちが表れていて、こう言われたら「いえいえ、こちらこそ変なお願いしてごめんなさい」と、言いたくなりますね。お断りの時には、いつもより何倍も丁寧な英語を使いましょう。

重 要 単 語 ！ ！

permitも頻出単語です。
So far as health permits, I will do this job.
健康が許す限り、私はこの仕事をします。
They don't permit smoking inside the building.
ビルの中は禁煙になっています。

SITUATION 53

会議で「販売促進キャンペーンを始めましょう」と、真剣にやる気があることを言いたいのに…

> **Let's start a sales promotion campaign.**
> 「販売促進キャンペーンを始めちゃおっか〜」

などと、真剣味のない言い方をしていませんか？

▶ E P I S O D E

販売と言えば、これもCAのお仕事のひとつです。機内販売ですね。国際線になると、免税品の種類もとても増えます。販売促進会議のようなものは、機内販売の品目を決める時に行われています。そして、その商品をお客様たちにお勧めするのもCAのお仕事です。綺麗にディスプレイされた商品をCAが持って回り、お客様とお話ししながら販売していきます。私がフライトしていた頃は、ヨーロッパやアメリカ本土のフライトでは、8台ほどある免税品のカートがからっぽになることも多かったです。ある議員さんは、お一人でエルメスのネクタイを全部お買い上げになったことも…「大人買い」ですか？

Business Class

We need to plan a sales promotion campaign.
販売促進キャンペーンをする必要がありますね。
これで真剣に必要なのだと、皆に伝わりますね。会議などでは言い回しにも気をつけなければなりません。

First Class

We should put all our efforts into this sales promotion campaign.
この販売促進キャンペーンに全力を注ぐべきです。
「がんばろう！」という意欲が窺われますね。put A into B「AをBに費やす」です。

知っておくと便利です!!

ビジネス英語でよく使われる「赤字」の表現です。the red とdeficitはどちらも「赤字」ですが、使われる場面が違います。the red は会話表現で使われることが多く、deficitは公の場面で使われ、格式的な表現です。
The business is in the red.
商売は赤字になっています。
go in the red　赤字を出す
come out of the red　赤字を脱する
Japan cannot possibly continue to bear such a huge trade deficit.
日本はこのようなひどい貿易赤字には耐え続けることはできない。

SITUATION 54

「情勢悪化に陥ってしまっています」と、会社が大変な状態だと言いたいのに…

The situation went into deterioration.

「情勢悪化になったね〜」

と、のん気に自らが望んでいたように言っていませんか？

▶ EPISODE

まさか私の勤めていた時代には、JALが現在のような状況になるとは、誰も予想しなかったでしょう。特に私が入社した頃などは、常にどの国際線の便も満席で、まだCAは女性にとっては花形のお仕事でした。入社試験もそれはそれは厳しく、5000人近い人が受験し、最終で残れるのは200人強という、厳しい戦いでした。4次試験まであり、特に体力測定と健康診断は本当に厳しかったですね。「一週間毎日ステーキを食べて貧血を克服する方法」を試し（さすがに気持ち悪かったです）、なんとか合格した次第です。また、JALがあの時代に戻ってくれることを、やはり願ってやみません。

Business Class

The situation is going from bad to worse.
状況はどんどん悪くなっています。
from bad to worseと、進行形を併用することによってどんどん悪くなる様子が分かります。badの比較級はworse、最上級はworstですね。この他にもill-worse-worstやgood-better-best、little-less-leastなどの比較級の変化も覚えておきましょう。ビジネスでは絶対に必要な項目です。

First Class

The situation is rapidly deteriorating.
状況は急速に悪化しています。
rapidly「急速に」を使って状況の深刻さを述べています。こういう時は冷静に状況だけを述べるのが、ファーストクラスの英語です。deteriorate「悪化する、低下する」は景気が悪くなるとビジネスシーンで頻出する単語です。名詞の意味と一緒に覚えておきましょう。

It may be too late to halt the deterioration.
その悪化を食い止めるにはもう遅すぎるかもしれない。
The situation has deteriorated too far already.
状況はすでにあまりにも悪くなってしまっています。
Sight deteriorates with age.
視力は年齢とともに衰えるものです。

SITUATION 55

「これに関してひとことコメントを述べてもよいでしょうか」と、会議の席で謙虚に言うつもりが…

I have a comment on this.
「これについて言いたいことがあるんだ!」

と、いきなり威張って言っていませんか?

▶ E P I S O D E

「silent majority」という言葉をご存じでしょうか? レストランやお店、飛行機、その他のサービスに関わる場所で、お客様が接客で不愉快な思いをされたとします。そのお客様たちの大多数 (majority) は苦情やコメントを言う代わりに、2度とそのお店やレストランなどに来ないと言われています。これが実は接客業にとっては一番恐ろしいことです。苦情を言ってくださる方には、感謝です。現役中には何度かグッドコメントを頂きました。ただ面白いことに、ほとんどは年上の女性からでした。多分、私のこの「実はお笑いキャラ」が受けていたのだと思います。同性に好かれること、これは本当に嬉しいことです… (男性にももちろん好かれたいですが…)。

Business Class

May I make a comment on this?
これについて意見を述べてもよいでしょうか？
May I ~?も「~してもよいですか？」という丁寧な聞き方です。いつも Could I ~?を使っているのでしたら、たまには違ったこの言い方もよいと思います。comment は動詞と名詞が同じ形ですので注意しましょう。

Would you like to comment about this?
これについてコメントしていただけませんか？

First Class

Could I make a brief comment on this?
これについてひとことコメントを述べてもよろしいでしょうか？
brief 簡潔な、短時間の
to be brief with you 手短に言うと

覚えておきましょう！

会議での表現集です。

What is your opinion regarding this plan?
この計画にどのような意見をお持ちですか？

Are there any thoughts on this matter?
この件について何か意見はありますか？

I would like to make my point clear.
私が申し上げたいことをはっきりさせておきたいと思います。

SITUATION 56

「どなたが在庫管理をなさっているのですか?」と、丁寧に聞いているつもりが…

Who does the inventory control?

「誰が在庫管理してるの〜?」

などと、軽々しく言っていませんか?

▶ E X P L A N A T I O N

文法的に考えれば、どこも間違っていない文章なのですが、これがビジネスの場でふさわしいかというと、それはまた、別問題になってきます。学校で習ってきた文法が役立つ時と役立たない時があるのです。例えば、中学1年生で学んだ「Please 動詞の原形…」で「〜してください」ですが、これはあくまで文法的には命令文のジャンルに入り、決して懇請の文ではありません。ですので、例えばビジネスで「この仕事を明日までに終わらせていただけるとありがたいのですが」を "Please finish this job by tomorrow." としても気持ちは伝わりません。"I would be grateful if you could finish this job by tomorrow." が正解です。"I would be grateful if you 〜." 「〜していただけるとありがたいのですが」

Business Class

Who is looking after the inventory control?
誰が在庫管理をしているのですか？
look afterはいろいろな意味のあるイディオムです。「世話をする、管理する、〜を代わってする」
Mr. Anderson will look after my job.
アンダーソンさんが私の仕事を代わってしてくれる予定です。

First Class

Who is in charge of the inventory control?
誰が在庫管理を担当しているのですか？
in charge of「担当する」というビジネス頻出のイディオムを使っているのが、仕事にふさわしいですね。元々「charge」には「責任、委任」という意味がありますので、おなじみの「費用、負担、料金」などの意味と一緒に覚えましょう。
Who is actually in charge?
実際に責任を持たれているのはどなたですか？
Could I speak to someone in charge?
責任者とお話しできますでしょうか？

知っておくと便利！
---

inventory plan　在庫計画
inventory list quantity　在庫リスト数
have a large inventory　在庫が大量にある

SITUATION 57

「見積書を提出していただけますか」
と、お願いするつもりが…

Can I see your quotation?
「見積書見てもいいー?」

と、カジュアルに言っていませんか?

▶ **EPISODE**

ビジネスの場で丁寧に話すのは、短時間ならばできますが、長時間になると日本語でさえカジュアルになってしまう人を多く見かけます。それを英語でも常にpolite（礼儀正しく）しなければならないのですから、それは難しくて当たり前ですね。以前、新人CAと同じカートについてサービスした時のこと、私と一緒にカートについて緊張し（私が特に怖い先輩だったからではありませんよ〜）慣れない丁寧語を使おうとしたからなのか、お客様がコーヒーを頼むと、「はい、おコーヒーですね」、お客様「コーヒー」、CA「はい、おコーヒー、かしこまりました」と真顔です。お客様が大笑いしても、自分が間違えていることにも気付かず急いでギャレー（台所）に取りに行きました。丁寧語、難しいですね。

Business Class

Could you table a quotation?
見積書を提出してくださいますか？
tableを使うところが、ネイティブ的です。ただし注意が必要です。動詞のtableには「提出する」という意味以外に「棚上げする」という意味があるのです。その場に応じて、どちらの意味なのかきちんと把握しましょう。

First Class

We would like you to submit your quotation.
あなたの見積書を提出していただきたいのですが…。
丁寧な「〜していただきたい」という言い方ですね。submit「提出する、提案する、服従する」を使うのもビジネス的です。
You must submit to my judgment in this matter.
この件については私の判断に従っていただきます。

覚 え て お く と 便 利 ！

見積もりに関してのいろいろな表現です。
What is the estimated price?
見積もり価格はいくらですか？
We can't accept these conditions.
これらの条件を受け入れられないのですが…。
I'd appreciate it if you could quote $800 per unit.
１個につき800ドルで見積もっていただけると助かるのですが…。

SITUATION 58

「少し時間をくださいますか?」と、聞きたいのに…

Please give me the time.
「今、何時ですか?」

と、まったく違うことを聞いていませんか?

▶ EPISODE

"the time" となっていることに注意です。これだと時間を聞いていることになってしまうのです。この間違いは多くの人が起こしています。以前私の友人も、一緒に歩いていた時に向こうから来る素敵な白人に "Do you have the time?" と聞かれ、私に「弥栄さん、どうする〜?」なんて赤面していたことがありました。もちろん、私がその方には時間をおしえましたよ。友人は "the" が聞き取れなかったのですね。後で、本当の意味を知って、ものすごく恥ずかしがっていましたが、皆さんもこんな恥をかかないために、ぜひリスニング力をつけてくださいね。特にネイティブがよく言う短縮形 "I will = I'll" や "will not = won't" などは、日本人には聞きとりにくいですので、注意しましょう。

Business Class

Could you give me a little time?
少し時間をくださいますか？
時間のtimeは数えられない名詞ですので、その大小を表すにはlittleを使うことをお忘れなく。数えられる名詞につけるfewは使えませんので、ご注意を。

First Class

Could you share some time with me?
少し時間をいただくことはできますでしょうか？

覚 え て お く と 便 利 ！

会社の業種についておさらいしましょう。
trading co. 商社
publishing co. 出版社
automobile sales co. 自動車販売会社
cosmetics co. 化粧品会社
real estate co. 不動産会社
insurance co. 保険会社
transport co. 運送会社
broadcasting station 放送局
advertising agency 広告代理店
pharmaceutical mfr. 薬品メーカー
stock broking firm 証券会社

SITUATION 59

「いつ納品していただけますか?」と、聞きたいのに…

{ **When will you deliver?** }
「いつ納品するつもりなの?」

と、非常識な聞き方をしていませんか?

▶ E P I S O D E

待たされている方のイライラする気持ちが分かるので、お待たせするということに対しては、私たちCAはとても敏感です。人員配置数が少なくなり、エコノミークラスでは一人で50人ほどのお客様を担当せねばならず、特にお食事サービスの時には後ろの方にお座りの方には、お待たせした挙句に、さらにご希望のお食事がなくなってしまうこともありました(日本発では洋食が人気で、外国発では和食が人気でした)。この食事のことでは、烈火のごとく怒るお客様たちを大勢見てきました。「和食じゃなきゃ食べない!」と、本気で怒る方もいらっしゃいました。でも、これも、結局はそれまでのサービスが肝心なのです。お食事サービスまでに、いい関係をお客様と築けていれば、案外「しょうがないなー」くらいで、済ませてくださるものです。何事も最初が肝心です。

Business Class

What time can we expect to receive it?
いつ頃、それを受け取れるでしょうか？
納品という表現ではなく、受け取る立場で話をしているのが、そつがなくて良いですね。

First Class

When is the estimated time of delivery?
納品はいつ頃になりそうでしょうか？
相手の都合をまず聞いているところが、ファーストクラスの表現ですね。estimate「見積もる、推定する、評価する」は頻出単語です。

The construction time was estimated at ten years.
その建築には10年要すると見積もられた。

知っておくと便利！

納期についての表現です。
Could you move up the delivery date?
納品の日を早くしていただけませんか？
We guarantee delivery within two days after receiving an order.
注文受注後、2日以内には配達することを保証いたします。
How soon could you get them ready?
どのくらいでご用意いただけますか？
We can deliver them by the end of this week.
今週の末までにはそれらを納品できます。

SITUATION 60

仕事が詰まってきたので「急ぎましょう」と、普通に言うつもりが…

Hurry up!
「早くしなさいよ!」

と、命令していませんか?

▶ EPISODE

「定時運航」が大事な航空業界の中でも、JALは特に定時発着を重んじていました。でも、自分たちの乗務する予定の飛行機の到着が遅れることはよくありました。そんな時は、飛行機に乗ってからが戦争です。到着が20分遅れたら、その20分ぶんは次に乗る私たちが帳尻を合わせなくてはいけないのです。機内の清掃が終わったら、不審物がないかのチェック、清掃状況の確認、免税品のチェック、食事の数のチェックなど、やることは山ほどあります。こういう時は全員が機内をくるくる動き回っていて、汗をかきながらなんとかその20分の損失を取り戻すのです。そして、無理矢理の定時出発へ。お客様をお迎えする時には何事もなかったかのように、爽やかな笑顔で機内に立っています。やはり、女優さんとCAって共通するものがあるのかも。

Business Class

Time is getting tight.
時間的に厳しくなってきましたね。
tight「緊張した、窮屈な、ぎっしり詰まった」を使うところが非常にネイティブ的です。

We had a tight schedule.
ハードスケジュールでした。
(日本語訳のまま hard schedule としないこと)

She always keeps a tight hand on her husband.
彼女はいつも彼女の夫に厳しくします。

First Class

We need to get a move on soon.
すぐに進めましょう。
moveには「動く、進む、引っ越す」などの動詞の意味と、「行動、処置、手段」などの名詞の意味があります。この文では、「さあ、やってしまいましょう」という感じを表すのに、moveを使っています。しかも名詞の意味で使っているところが、ポイントです。moveのイディオムはたくさんありますので、いくつかご紹介しましょう。

move over　席を詰める
make a move　手段をとる、出発する
make the first move　口火をきる
on the move　忙しい、進行中の
move toward　(合意などに) 近づく
move aside　職を (後輩に) 譲る

COLUMN 2

大物組長の機内での紳士ぶりに感激!

私のフライト人生も7年目を迎え、仕事にもすっかり慣れて、ファーストクラスでもビジネスクラスでも楽しみながら乗務できるようになった頃…珍しく国内線のフライトが入りました。

なんと、そのフライトには広域暴力団のご一行様が乗っていらっしゃったのです。組長様と側近の方はスーパーシート、幹部の方々と少々コワモテ風の方々はエコノミークラスでした。お客様総数の半分はこのご一行様だったと思います。その時、私はなぜか男性チー

フと、スーパーシート担当に。
組長様を入口でお出迎えしたのですが、まず、第一印象が「え？　この御方が組長様？」と思うほど、なぜかとっても紳士的。しかもお召し物は裏地に金の昇り竜の柄などない、素敵なカシミアのジャケット…「こんにちは」とお声をかけると「よろしく頼むよ」と、優しいお返事にさらににっこり笑顔。何かの間違いかと、何度もお客様の座席シートを確認してしまったほどでした。
ドアが閉まり、フライトが始まりましたが、あいにく天候が悪くかなり揺れていました。サービス中、細心の注意を払っていましたが、ある瞬間ガクッと揺れて、その組長様の上に倒れこんでしまい、おまけに靴を脱いでいらっしゃる足の上を思いっきりCA靴で踏みつけてしまったのです。
「ぎゃっ！　まずい!!」と思ったのですが、私が「申し訳ありません！」と言う前に（瞬時にCAは「申し訳ありません」が言えるように訓練されていますので、事が起きてからわずか１秒以内のことなのですが…）、組長様が、「今日はこんなベッピンさんに頼っていただいて、運のいい日だね」と、まったく微塵のいやらしさもなくおっしゃったのです（決して私はベッピンさんではないので、あしからず…笑）。

もちろん、私は平謝り…でも、組長様はひたすら私の目を見て笑顔なのです。かなり足は痛かったはずなのに…。私が感動したのは言うまでもないことです。もちろん、幹部の方々とお話しされている時には、厳しい眼をしていらっしゃいましたが、私たち一般人には、なんと優しいこと。しかも、マナーがとてもよく、物の食べ方、所作が本当に紳士でした。「極道の妻たち」の世界しか知らない私には、本当に貴重な体験でした。

人は職業、肩書では判断してはいけない…その「人」が大事なのだと、このフライトで学ばせていただきました。数年後ニュースで、この組長様がお亡くなりになったことを聞いた時、以後一度もお目にかかることがなかったのに、なんだか本当に心の底から寂しいと感じました。「また、日本から、紳士が１人いなくなってしまった…」と。

ファーストクラスの英会話

PART

3

実力が身につくラスト**30**フレーズ
最後までがんばって!

SITUATION 61

「彼は私たちの人事部長です」と、言うつもりが…

He is our personal manager.
「彼は私たちの個人的な部長です」

と、訳の分からないことを言っていませんか？

▶ EXPLANATION

「何が間違っているのかしら…」と思いませんでしたか？ personalは「個人的な、私的な」で、「人事課、職員」はpersonnelです。スペルが似ているので、間違えないようにしましょう。

None of the personnel attended.
全職員が出席しませんでした。
cut personnel 人員整理する
the personnel of the new cabinet
新内閣の顔ぶれ
May I ask a very personal question?
非常に私的な質問をしてもよろしいでしょうか？
personal letter 親展書
personal affairs 私事

Business Class

He is our personnel manager.
彼は私たちの人事部長です。
これで正解ですね。知らないと恥をかくことも多いですので、会社の中の部署の呼び方を覚えましょう。

人事部　personnel department
営業部　sales department
秘書課　secretarial section
広告部　advertising department
開発部　development department
経理部　accounting department
総務部　general department
企画部　corporate planning department
庶務部　general maintenance department
財務部　finance department

First Class

He is responsible for the personnel.
彼は人事部の責任者です。
部長を意味するmanagerを使わなくても、こういう言い方もできることを覚えておきましょう。
be responsible for 〜　〜に責任がある
Mr. Henry is directly responsible for it.
ヘンリーさんがそれに関する直接の責任者です。
Mr. Brown is immediately responsible to me.
ブラウン氏が私の直属の上司です。

SITUATION 62

慣れた仕事でミスをしてしまい「もっと考えて行動すべきでした」と、反省して言いたいのに…

It was stupid of me to do that.

「バカなことしちゃった〜」

と、反省の色が薄い言い方をしていませんか？

▶ **EXPLANATION**

自分が愚かだったということは認めていますが、恥じる気持ちが弱い言い方で、ビジネスの場では、あまりふさわしいとは言えない言い方です。文法的には、このIt is（was）人の性質を表す形容詞 of 人 to do「〜するとは…である」は覚えておいたほうが良いです。必ずofを使うことをお忘れなく。

It was careless of you to leave a paper in your house.
書類を家に忘れてくるとは、不注意でしたね。
It is mean of you to do such a thing.
そんなことをするなんて、あなたはさもしい人ですね。
It was sensible of her to refuse the proposal.
その提案を拒絶したなんて彼女は賢明でしたね。

Business Class

I shouldn't have done on auto-pilot.
私は杓子定規でやってはいけなかったのに…。
auto-pilot（automatic pilot）は、そのまま「飛行機の自動操縦装置」という意味と、「融通の利かない態度、惰性で、意識せずに」という意味があり、よくネイティブは使っています。勝手に操縦してくれるイメージからきていて、覚えやすいですね。

First Class

I should have thought more carefully.
もっとよく考えるべきでした。
反省と、どうするべきだったかがきちんと表現できているビジネスに適した言い方です。この言い方では、助動詞＋have＋動詞の過去分詞（p.p）を使うことによって、後悔している気持ちがよく出ています。
should have ＋動詞の過去分詞（p.p）～すべきだったのに（実際はしなかった）
I should have seen the film.
その映画を見ておくべきだったのに…。
You should have refused such a ridiculous offer.
あなたはそんなばかげた申し出を拒否すべきだったのに。
After the company declared bankruptcy, the president admitted that he shouldn't have expanded.
会社が倒産を宣言した後、社長は事業を拡大すべきではなかったと認めた。

SITUATION 63

「値段交渉が必要ですね」と、言いたいのに…

{ **This price is too high.**
「これ、高すぎるよー」 }

なんて、ビジネスには不向きな言い方をしていませんか？

▶ E P I S O D E

CAの頃、JALが就航していた世界都市にはすべて行きましたが、各地でいろいろな面白い光景を見ました。特に、お買い物先では、日本人の方々のいろいろな行動を、「ヒューマンウォッチング」させていただきました。パリのルイ・ヴィトン本店内で、「ねー、これなんぼ？」「まけといてー」と、大声で聞こえてきた時には、本当にびっくりしましたね。フランス人の店員さんたちは、はっきりと嫌な顔をしていましたね。私はなんだかとても恥ずかしくて、すぐにお店を後にしましたよ。ブランド店で値引きはしてくれないので、交渉は無理ですが、せめてお買い物の仕方の表現を英語では言えるようにして、旅立っていただきたいと思いますね。

Business Class

This price is way over the top.
この価格は高すぎですね。
非常に英語慣れした人が使う表現ですね。まずは over the top はその単語の意味の通り、「頂点を越えているほど高い」です。さらにそこに way（副詞です。意味は「ずっと、はるかに」）を使うことによって、どれほど高いかを表しています。

First Class

The price needs to be negotiated.
値段交渉が必要ですね。
ビジネスの場では、こういった交渉事項ははっきりと言わなければなりません。日本人の苦手な部分ですが、英語表現もしっかり覚えて挑みましょう。
negotiate 交渉する、協議する
We are still negotiating about the exact terms.
私たちは正確な条件について、まだ交渉中です。

覚 え て お く と 便 利 ! !

Could you give us 10% discount?
Could you discount 10%?
10%割り引いていただけますでしょうか？
If you purchase in quantity, we can give you 30% discount.
大量にご購入いただければ、30%割引させていただきます。

145

SITUATION 64

「ここだけの話にしてください」と、言いたいのに…

Don't tell this to anyone.
「誰にも言うんじゃないぞ!」

と言って、相手を脅していませんか?

▶ EPISODE

「ここだけの話よ…実はね…」というのは、女性がよく使う言葉ですが、これは「どうぞ皆にしゃべってね」と言っているのと同じだと思って、覚悟して話さなければいけないと思うのは私だけでしょうか?「空飛ぶ大奥」も女性の世界ですから、「噂」の廻り方はボーイングの速度と同じほど速く(?)しかも海を越えて「ここだけ」ではなく、世界を廻るのです。大体、元来マイペースであまり人のことが気にならない私は、いつもそれを聞くのが最後の方で、「知らなかったのー?」と、笑われていましたが。人の口には戸は立てられず(CAの口には戸は立てられず)ですので、お気をつけを。

Business Class

Please keep it under your hat.
内緒にしてください。
お洒落な人に好まれる言い方です。まさに、「帽子の下に隠しておいてね＝内緒にしてね」ですね。イメージ通りの表現です。
Please keep it to yourself.
Just between you and me.
これらの表現でも同じ意味です。

First Class

Please don't disclose this to anyone.
どうかこのことを誰にも明かさないでください。
disclose「明かす、暴露する」を使うことによって、より「重い」感じが出ていますね。こう言われたら、言われた方は、絶対に他言できないと思うでしょう。
Don't disclose this news to anyone in the office.
社内の誰にもこのニュースを話さないでください。

覚 え て お く と 便 利 ！！

ビジネスでよく使われる「秘密の、内密の」という表現はsecretではなくて、confidentialです。
confidential documents 秘密書類
strictly confidential 極秘の
This is confidential between you and me.
ここだけの話です。

SITUATION 65

「どうして、いらっしゃれなかったのですか?」と、相手が来なかったことを残念に思っているのに…

{ **Why didn't you come?**
「まったく、どうして来なかったのよ!」 }

と、相手に怒っているような言い方をしていませんか?

▶ **E X P L A N A T I O N & E P I S O D E**

この "Why didn't you 〜?" は「なぜ〜しなかったの?」という意味で、日本語の意味だけを見れば、間違った使い方だとは思えませんね。ただ、これだとちょっと問い詰めている感じにネイティブにはとられてしまうでしょう。CAだった頃、新人の外国人CAが良かれと思って、臭い消しにトイレの中に紅茶のティーバッグを風鈴のようにたくさんぶら下げていたことがありました。お口に入るものと同じ物をおトイレに置くことは私たちには考えられなかったのですが、彼女にとっては違和感がなかったのです。その時に先輩が "Why did you 〜?" といきなり聞いたので、その外国人CAは一瞬顔色が変わりました。Whyの使い方…いきなりそこから始めると責めている感じが出てしまうので、ご注意くださいませ。

Business Class

We were expecting you. Why weren't you be able to come?

いらっしゃれると思っていましたのに。なぜ、いらっしゃれなかったのですか？

待っていたことをきちんと言ってから、しかも be able to を使うことで、Whyを和らげることができている、とても上品な聞き方ですね。expect「予期する、期待する、覚悟する、あてにする」は覚えておく必要があります。

It was the last thing I had expected.

まさかこんなことになってしまうとは予期していませんでした。

The project is making such fairly progress as we expected.

そのプロジェクトはほぼ予定通り進行しています。

First Class

It was a great pity you couldn't make it. Why weren't you able to show up?

あなたがいらっしゃれなくて本当に残念でした。どうしていらっしゃれなかったのですか？

pity「残念なこと、惜しいこと」を使うことによって、本当に残念な思いが伝わりますね。show up は「会合などに現れる」です。

He showed up a little late.

彼は少し遅れてやってきた。

149

SITUATION 66

「お仕事は何をしていらっしゃるのですか?」と、聞くつもりが…

What is your job?
「仕事、何してるの?」

と、妙になれなれしく言っていませんか?

▶ EPISODE

欧米人たちにとっての日本人の不思議のひとつに、「なぜ、日本人は前置きもなく、急に職業を聞いてくるの?」ということがあります。欧米人は、こういった職業や年齢などのプライベートなことを聞く前に、必ず "Could I ask you a private question?"「私的な質問をしてもよろしいでしょうか?」や "If you don't mind me asking,"「よろしければお聞きしたいと思うのですが…」と聞いて、相手の了承を得てから質問するのが普通です。例えば年齢を聞く時などは、さらに慎重に "Would it be rude to ask your age?"「年齢をお聞きしたら失礼でしょうか?」と、言いましょう。間違っても単刀直入に "How old are you?"「歳、何歳?」などと、カジュアル過ぎる聞き方はやめましょうね。

Business Class

What do you do for a living?
お仕事は何をしていらっしゃいますか？
for a livingはネイティブがよく使う表現です。直訳すれば「何で生計を立てているのですか？」になります。livingには「暮らし、生活費」の意味もあります。

First Class

What is your main occupation?
主にどんなお仕事をしていらっしゃるのですか？
occupation「職業」を使い、他にも仕事をされているかもしれないので、こういう聞き方をするのも、1つの方法です。

答　え　方　に　注　意　!　!

職業の答え方ですが、時々 "I am a company worker." と答えている人がいますが、これは間違いです。きちんと職種を具体的に答えましょう。

I am an accountant.
経理の仕事をしています。
I work in sales.
営業をしています。
I am self-employed.
自営業です。

それから和製英語のOLやsalary manなどは、英語ではないので使わないように気をつけてください。

151

SITUATION 67

「それは信じがたいのですが(ありえなくもないかも…)」と言いたいのに…

{ **I don't believe that.**
「そんなこと信じるわけがないじゃない!」 }

と、ぶしつけな言い方をしていませんか?

▶ E P I S O D E

「信じがたい光景」はたくさん、機内で見てきましたが、その中でも、かなり驚いたこと…長時間のフライト(10時間を超すような)になると、乗務員も交代で1時間くらいは仮眠をとります。飛行機の機種によって違いますが、乗務員用の2段ベッドが配置されている小さな部屋があります。あるフライトで、寝るのもいつも一番乗りだった私がそこに入り、電気が消えていてよく見えなかったので、ライトアップした時、なんと、70代近い女性のお客様がしっかり毛布までかけて熟睡していたのです。しかも高イビキで…。まるで他人の家に上がってベッドで寝ているようでしたよ。

152

Business Class

It doesn't seem to add up.
つじつまが合わないように思うのですが…。
非常に婉曲的な言い方です。addにはいろいろな使い方があります。
I might add, she wasn't right.
一言言わせてもらえば、彼女は正しくなかった。

First Class

It seems hard to believe…but anything is possible.
それは信じがたいのですが…でも、どんなことでも起こりえますからね。
seemを使うことで断定的ではなく丁寧な言い方になっています。hard to believeはその言葉の通り「信じることが困難である」、そして、さらにその後にanything is possibleを加えることで、もし本当でも、心の準備はできているといった感じが出ています。こういった「あるかもしれない」場合には他にIt's not impossible.「不可能ではない」つまり「起こりうる」という表現もよく使われます。

━━━━ こ ん な 表 現 ！ ！ ━━━━

believeを使った表現
believe or not 信じようが信じまいが
Don't you believe it?
まさかと思うでしょうが…。

SITUATION 68

落ち込んでいる同僚に「あなたのためにできることがあればなんでもしますよ」と、言いたいのに…

What do you need?
「なんかいるー?」

なんて、全然親身になっている感じのしない言い方をしていませんか?

▶ EPISODE

本当に辛い時に、助けてくれる友人は一生のうちに1人めぐり逢えたら幸いだと思うのです。私にはCA時代からもう20年近く姉妹のように仲良くしている親友がいて、今でもJALでフライトしています。当時神経質だった私(途中から、出過ぎた釘になったので、まったく変わりましたが)とは対照的に大らかな彼女は、私が先輩に意地悪されたりすると、よく庇ってくれました。ユーモアセンスたっぷりの彼女は、私をいじめた先輩が鳥が大嫌いなことを知って、一緒に動物園に行った時に、わざとその先輩の周りに鳥の餌をまいて、先輩を困らせたりして「弥栄ちゃん、仇討ったよ〜」なんて、言ってくれたりしました。20代の大奥での楽しい思い出です。彼女に何かあったら、必ず今度は私がお返しを…と、いつも思っています。

Business Class

Is there anything I can do for you?
あなたのために何かできることはありますか？
控え目な感じがしますが、押しつけでなく、相手の気持ちを尊重した表現です。

First Class

I would do anything for you.
あなたのためならば、どんなことでもしますよ。
非常に真実味のある、思いやりのある言い方です。こう言われたら、「実はね…」と、相手も辛さを話してくれると思います。頼りになる一言です。

知っておくと便利！！

●rely on「信頼する、頼りにする」
これまでの経験などによって、頼りになる場合。
You can always rely on Mr. Cage.
ケイジさんならばいつでも頼りにできると思いますよ。
●count on「頼る、期待する」
頼りにして、計画や予定に組み込むような場合に使います。
Don't count on others for help.
他人の助けを当てにしてはいけない。
●depend on「依存する、あてにする」
Can I depend on that information?
その情報は信頼できるでしょうか。

SITUATION 69

忙しい時に頼まれごとをして「申し訳ないのですが、できません」と、丁寧に断りたいのに…

My answer is no.
「無理だって言ってるでしょ!」

と、かなりきつい言い方をしていませんか?

▶ EPISODE

今は職業人気ランキングでも、もうベスト10にも入らなくなってしまったCAですが、昔は女性の花形職業と言われていました。私が入社した頃は右を向いても左を向いても華やかな「The CA!!」という美しい先輩ばかりで、「元ミス〜」などのタイトルを持っている方も多かったのです。当然、そういう美しい先輩はフライト中に男性のお客様から名刺を渡され、お食事に誘われることも度々。そのお誘いをお断りするのもかなり大変そうでしたが、ある先輩はいつも必ず納得してもらえるお断りの仕方をしていました。「若い時に結婚して、もう子どもが4人もいますので、到底お食事できるお時間などなくて…でも、こんなお母さんを誘ってくださり、ありがとうございました」。到底4人のお子さんがいるようには見えませんが、嘘も方便でしょうか???

Business Class

Regrettably I have to say no.
残念なことに、ちょっとダメなのです。
regrettably「遺憾ながら、残念なことに」を入れることによって本当に申し訳ないという気持ちが伝わります。

First Class

I've got my hands full currently. So I have to say no.
最近仕事が手いっぱいで、ちょっとダメなのです。
本当はこんなに忙しくなかったら、手伝ってあげたいのだけれど…という気持ちが表れていますね。
have a full plate「山ほど仕事がある」でも同じことが表現できますね。
I'm afraid I can't help you. I've got a full plate myself.
申し訳ないけれど手伝えないのです。仕事が手いっぱいで…。

覚えておくと便利です!!

困った時の表現です。
●にっちもさっちも
I'm in a real bind.
にっちもさっちもいかない状態なのです。
●身動きが取れない
I'm completely swamped(inundated) with these difficult problems.
これらの難題が降りかかって身動きが取れないのです。

SITUATION 70

「誰か私のメモ用紙をご存じないですか?」と、普通に聞きたいだけなのに…

{ Who took my memo pad? }

「誰が私のメモ用紙を盗んだの?」

と、人格を疑われるようなことを言っていませんか?

▶ E X P L A N A T I O N

こういった場面でtakeを使うと、「取る」よりも「盗む」に近い印象をネイティブは持ちます。つまり "Who stole my memo pad?" に聞こえてしまうのです。takeのいろいろな使い方に注意しましょう。

Taken altogether, the party wasn't a success.
全体的に見て、そのパーティーは成功ではなかった。
I was somehow taken aback.
私は不意を突かれました。
I should take it kindly if you would do this.
あなたがこれをしてくだされば ありがたいのですが…。
I took her to be in her early fifties.
彼女は50代初めだと思いました。

Business Class

Is anyone using my memo pad?
誰か私のメモ用紙を使っている人はいますか？
失礼にならない丁寧な聞き方です。例えば他にも、
Where did my memo pad go?
私のメモ用紙、どこにいったのかしら？
と言っても、やんわりとしていて良いです。

First Class

Excuse me, but has anyone seen my memo pad?
申し訳ないのですが、どなたか私のメモ帳を見ませんでしたか？
周囲に問いかけるのだから、仕事中の人もいるので必ず一言 "Excuse me" を入れてから尋ねましょう。現在完了形を使うことによって、「(今でなくても)今までに見た人はいますか？」という問いかけになっていますので、行方を探す時には便利です。現在完了（have＋動詞の過去分詞）は、
1、明らかに過去を表す語（yesterday、last week など）とは一緒に使えません。
2、when と一緒には使えません。

覚 え て お く と 便 利 ！ ！

ボールペン ball-point pen
シャープペンシル automatic pencil, mechanical pencil
万年筆 fountain pen
サインペン felt-tip pen
スティックのり glue stick

SITUATION 71

「それは私の性には合わないのですが」と、興味がないことを伝えたいのに…

I don't care.
「そんなのどうでもいいじゃない」

と、ちょっとピントが外れた言い方をしていませんか?

▶ EXPLANATION

この "I don't care." は状況によって解釈の仕方が変わってくるので、使う時には注意が必要です。例えば、
Nick: I am sorry, I'm late. 遅れてごめんなさい。
Ann: I don't care. 気にしてないですよ。
ならば、相手の気持ちを楽にさせられます。
Eric: Do you know your ex-wife married last week?
君の前の奥さん、先週結婚したの知ってる?
Martin: I don't care. どうでもいいことだよ。
この場合には「関係ない、どうでもいい」という意味で使われています。しかも、単語一つひとつの語調を強くして、切って発音すると、特に「どうでもいいんだ!」という雰囲気が増します。、まったく同じセンテンスなのに、ここまで違ってしまいます。

Business Class

It's not something I've thought about.
私が考えていたものとはどこか違うようですが…。
丁寧に自分の嗜好とは合わないことを言っています。
somethingは使い勝手のある単語ですよ。

Mr. Nixon thinks he is something.
ニクソン氏は自分をひとかどの人物だと思っている。

What is his name?　Don something or other.
「彼の名前は何ですか？」「ドンなにがしです」

First Class

It's not my cup of tea.
それは私の性には合わないのですが…。
one's cup of teaはイギリス人がよく使う「嗜好に合う、性に合う」という表現です。紅茶好きのイギリス人らしいイディオムですね。通例否定文で使用します。

知っておくと便利！！

好みについてのいろいろな表現です。

How would you like your coffee?
コーヒーには何がお好みでしょうか？

With cream, please.
クリームをお願いします。

have good taste in 〜「〜について良い趣味を持つ」

Mr. Park has good taste in art.
パーク氏は芸術の趣味が良いです。

SITUATION 72

「今日は行けませんが、ぜひ、また誘ってください」と、残念な気持ちで言いたいのに…

{ I can not go today. 「今日は行けません!」 }

と、つっけんどんに言っていませんか?

▶ E P I S O D E

「CAをしているとお誘いが多いでしょう?」と、現役時代にはよく言われたものですが、思い起こすと、確かにフライトでご一緒したお客様に、お誘いを受けることもありました。ファーストクラスを担当していると、お客様が「今日のファーストクラスは担当乗務員の人が皆優秀で気分良く過ごせましたよ。パリに着いたら、お食事でも皆さん、いかがですか?」などとお誘いくださり、それがパリの三つ星レストランだったりしたことも…。こんな時のためにというわけではありませんが、当時は先輩方から教えられて必ずカジュアルと、フォーマルな洋服の両方を持って行くようにしていました。TPOに合わせた洋服は海外に行く時には絶対に必要です。どこでも最近はジーンズで行かれる方がいるようですが、やはり海外に行かれる時は一着はフォーマルなものをお持ちください。

Business Class

Unfortunately I can't make it today.
残念ながら、今日はどうしても出席できないのです。
make it には「なんとか出席する」という意味があり、ネイティブはよくこの表現を使います。他にも「成功する、うまくやる」という意味もあります。
Mr.Chandler made it in business.
チャンドラー氏は商売で成功しました。

First Class

Do you mind if I take a rain check on that?
またの機会に誘っていただいてもかまいませんか？
rain checkは野球などの屋外でするスポーツの試合が、雨で中止になった時に配られる"雨天引換券"のことです。この券で次の試合は無料で観戦できます。ここから"rain check"は現在のような、「今日はダメですが、ぜひ、またの機会に誘ってください」という意味で使われるようになりました。柔らかいお断りの表現として、よく使われます。知っているとおしゃれですので、ぜひ、覚えましょう。

その他の表現！！

お断りの仕方のいろいろ…。
I wish I could. 残念ですが…。
I will think about it. 考えておきますね。
I'll have to beg off. 申し訳ないのですが…（こう言った後に、必ず理由を言いましょう）。

SITUATION 73

同僚に「それを忘れないようにしてください」と、言いたいのに…

{ **Don't forget.**
「忘れるなよ!」 }

と、品のない言い方をしていませんか?

▶ E P I S O D E

CAも人間ですので、忘れることはあります。ファーストクラスやビジネスクラスでは、担当人数が少ないので、滅多にそのようなことは起こりませんが、エコノミークラスとなると稀に、頼まれたことを忘れてしまうこともありました。でも、お客様の顔を見ると「あ、おしぼり頼まれていたんだった!」と、すぐに思い出します。CAは人のお顔を覚えるのは得意中の得意です。一度お目にかかった方のお顔は忘れません。ですので、時々フライトが終わって数日後に、自分の担当していたお客様と、街ですれ違ったりすると「あ!」ということもしばしば…5000人以上いたCAも一度一緒にフライトすると、必ず顔を覚えています。おそらくすべてのCAがこの「顔覚え術」を持っているはずです。どこで見られているか分からないので、悪いことはできませんね〜。

Business Class

Please don't let it slip your mind.
それを忘れないようにしてください。
同僚への業務連絡ですので、それほどへりくだった表現ではないPleaseで始める文章でもよいでしょう。slipは「滑って転ぶ」以外に「(時、機会が) いつの間にか過ぎ去る、(記憶などから) 消え去る」という意味もあります。

Years slipped by.
年月がいつの間にか過ぎ去っていった。

It simply slipped my mind.
それをすっかり忘れてしまいました。

First Class

Please try to be careful not to forget it.
どうぞそれを忘れないように注意してください。
同僚に対してですので、try to ～「～してみる」というくらいの言い方が角が立たなくてよいでしょう。不定詞の否定形はnot to 動詞の原形です。

Be careful not to be late.
遅れないように気をつけなさい。

ここがポイント！！

この状況が同僚ではなく上司に向けてだとすると言い方が変わってきます。Please では丁寧にならないので、

Could you keep it in your mind?
お心に留めておいていただけますか？
としたほうがよいでしょう。

SITUATION 74

欠勤した翌日、心配してくれた同僚に「昨日は具合が悪かったのです」と、言いたいのに…

I was diseased yesterday.
「昨日私は重病でした」

と、あまりにも大げさに言い過ぎていませんか？

▶ E P I S O D E

上品に機内でサービスしているCAたちですが、絶対不可欠なのは健康です。なぜならば、本当に「肉体労働」だから。いくらサービスセンスが良くても、美しくても、高度35000フィートでテキパキ動くには、まず、体力が勝負です。ですからCAは本当に皆さん、よく食べます。一般の方と同席すると、皆さん必ず驚かれます。多分地上でお仕事している女性の1.5倍は軽くいただいています。しかも、CAにはお酒もものすごく強い人が多いのです。圧倒的に「飲めない人口」はCAの中では少ないのです。つまり、CAのエンゲル係数は恐らくどの職業の女性よりも高いと思われます…奥様にすると、家計が大変ですね!?

Business Class

I was feeling under the weather yesterday.
昨日私は気分が悪かったのです。
be (feel) under the weatherで「元気がない、具合が悪い」というイディオムで、よく使われていますね。the weather は暴風雨や強風などの悪天候を表しています。昔、お天気が悪いと船がすごく揺れて、気分が悪くなったことから、この表現が始まったと言われています。二日酔いの時にも、この表現が使われますよ。

First Class

I didn't feel well yesterday, and I called in sick.
昨日は気分がすぐれなかったので、病欠すると電話したのです。
call in sick「病欠の電話をする」ことはないに越したことはありませんが、もしもの時のために覚えておきましょう。

覚 え て お き た い 表 現 ！ ！

I have a cold. 風邪をひいています。
I have a stomachache. 胃が痛いです。
I have a sore throat. 喉が痛いです。
My nose is running. 鼻水が出ます。
I have a fever. 熱があります。
I have a backache. 腰が痛いです。
I feel like I'm going to throw up. 吐き気がします。

SITUATION 75

「今晩お酒を少しいかがですか?」
と、軽く誘ったつもりが…

Let's go drinking tonight.

「今晩は泥酔しよう!」

なんて、大胆に言っていませんか?

▶ EXPLANATION & EPISODE

上記の言い方だと、酔っ払うことが最優先のような誘い方になってしまいますので、「一杯飲みながら話そう」というお誘いにはふさわしくない表現です。講師をしていて驚くのは、多くの日本人が辞書に載っているままの「お酒を飲む＝drink alcohol」と、表現していることです。実際には英語の「drink」にはそれ自体に「お酒を飲む」という意味が含まれていますので、ネイティブはalcoholは入れません。お酒と言えば、CAにはお酒の強い人が大勢いて、「ソムリエ」や「利き酒師」の資格を持っている人もたくさんいます（私は、3年前まで完全な下戸でしたので、まったくそういう資格とは無縁でした）。でも、「私たちって、ソムリエじゃなくって、ノムリエよね～」と、よく言っていました。

Business Class

Let's go for a quick drink.
ちょっと一杯いかがですか？
quick drink「ちょっと一杯」はよく使われています。このquickはquick shower「さっとシャワーを浴びる」quick look「さっと見る」など、いろいろ使えて便利です。
Could I have a quick word with you?
ちょっとお話がしたいのですが…。
She has a quick wit.
彼女は気転がききます。
He has a quick temper.
彼は短気です。
a quick-acting medicine　即効薬

First Class

Shall we have a drink tonight?
今晩一杯いかがですか？
とても丁寧で、しかも相手に断る余地も与えた誘い方ですね。have a drinkで「お酒を飲む」という一般的な英語表現です。よく「Do you drink?」を「お酒を飲みますか？」という意味で使っている人がいますが、これは時には「あなたはいつもお酒を飲んでいますか？＝アル中ですか？」というように相手に取られてしまいます。こういう場合はDo you sometimes have a drink?「時々お酒を飲みますか？」と、聞いたほうが間違いがないでしょう。現在形は習慣を表しますので、使う時には、実は注意が必要なのです。

SITUATION 76

確認したいことがあり「ちょっとお聞きしたいことがあるのですが」と、言いたいのに…

> **I need to tell you one thing.**
> 「ひとつ言っておきたいことがあるんだよ!!（怒）」

と、ちょっと違った表現をしていませんか？

▶ E P I S O D E

「ちょっとお話ししたいことがあるんだけれど…」と切り出されて、良いお話の時はほとんどない気がするのは、私だけでしょうか？ CA時代に、この前置きがあった後に、先輩にお叱りのお言葉をいただくことが多々ありました。「空飛ぶ大奥」に従事する身…配置されたグループで、その後の1年か3年の運命の明暗が決まるのです。厳しい先輩方のグループに入れられると、3年間、本当に地獄の苦しみになってしまいます。私の最初のグループはそれはそれは…何度か、急性胃炎を起こして成田で倒れたことも。でも、あの厳しい先輩方のおかげで、かなり神経も太くなりました（良かったのか、悪かったのか??? ですが）。今となっては大奥に感謝です。

Business Class

Do you have a spare moment?
ちょっとお時間ありますか？
相手の時間を割くわけですから、このように必ず話す時間があるかどうかを確認することが大事です。spare「余分の、手すきの」(形容詞)、「～を取っておく、節約する」(動詞)、「予備品」(名詞) もビジネスでよく使う単語です。

I can't spare time away from my work.
仕事の時間を割くわけにはいかないのです。
spare no expense 費用を惜しまない

Spare the rod, spoil the child.
むちを惜しめば子どもは甘えてだめになる＝可愛い子には旅をさせよ（諺）。

First Class

There is something I'd like to clarify.
ちょっとお聞きしておきたいことがあるのですが…。
ビジネスで何かをはっきりさせたい場合には、この「clarify」は便利に使われます。

Could you clarify your meaning for us?
あなたのおっしゃりたいことを、私たちに明確にしていただけませんか？
逆に何か伝えたいことがある時には、

There is something I'd like to tell you.
あなたにお伝えしたいことがあります。
が適切です。

171

SITUATION 77

仕事の場で「それは確かでしょうか？」と、聞きたいのに…

{ **Are you sure?**
「それって、ホント？」 }

と、カジュアル過ぎる聞き方をしていませんか？

▶ E P I S O D E

CAのお仕事は「ダブルチェック」しなければならないことがとても多いです。自分ではOKだと思っていても、「うっかりミス」はあるものです。ダブルチェックをしたにもかかわらず、ミスは起きる時には起きてしまうのです。特に離着陸時に…離着陸時は飛行機が大きく傾くので、物が落ちやすいのです。以前、カートのドアがしっかり閉まっていなくて、離陸時にファーストクラス用のカートのドアが開き、各種フルーツがゴロゴロと、ファーストクラスから通路を下って、エコノミーまで来たことがありました。飛行機の最後部に座っていた私には、前からどんどんフルーツが流れてくるので、なんだか桃太郎を思い出し、笑えましたが、失敗した本人は真っ青…もちろん、大目玉でした。何事も、確認は大事ですね。

Business Class

Are you 100% certain?
100%確かでしょうか？
certainを使うことで、より「確信する」というニュアンスが強まっていて、sureよりもビジネスには適しています。
I'm nearly certain of my attendance.
ほぼ間違いなく出席できると思います。
I'm not yet completely certain about the facts of the matter.
その問題の事実関係については、まだ十分に確信がありません。

First Class

Are you absolutely convinced?
完全に確信していますか？
convince「納得させる、確信させる」も、ビジネス必須単語です。
My explanation quickly convinced Mr. Gibbs.
私の説明でギブス氏はすぐに納得してくれました。
I am convinced of her innocence.
彼女の無実を確信しています。
absolutely 完全に、まったく
Absolutely not! とんでもない！
I'm not absolutely sure.
絶対に自信があるわけではないのですが…。

173

SITUATION 78

集中しなければならない仕事があって
「少し1人にしていただけますか」と
言いたいのに…

{ **Please leave me alone.**
「ほっといてよ!」 }

と、人に嫌われるような言い方を
していませんか?

▶ E P I S O D E & e t c . . .

「空気を読む」ことができなくて、相手は1人になりたいのに話しかけ続ける人…いますよね!?「空気を読む」のはCAは皆、得意です。そういった感性が磨かれなければプロのCAとしては失格です。私も、それだけは自信を持って得意だと言えます(他は? ですが…)。さて、「空気を読む」にはbe sensible about situations(その場の状況に敏感になる)や、pick up on someone's feelings(人の気持ちをくみ取る)、read between the lines(行間を読む)などの表現があります。read the atmosphereは直訳すると「雰囲気を読む」ですので、一番日本語訳に近い感じですね。間違ってもそのまま"read the air"などと、言わないようにしてくださいね。

Business Class

I'm sorry. I need to concentrate on this.
申し訳ありません。これに集中する必要があるので…。
暗に、「1人にさせて」と、お願いする言い方になっていて相手にも不快感を与えませんね。
concentrate「集中する、専念する、濃縮する」
I have to learn things with more concentration.
もっと集中して学ぶようにしなくては…。
Population rapidly concentrates in urban areas.
人口は都心に急速に集中しています。

First Class

I'm sorry. I just need to spend some time on this.
申し訳ありません。少しこれに時間を費やしたいのですが…。
こう言われたら、「あらら、気がつかなくてごめんなさい」と、相手も言いやすくなりますね。相手に恥をかかせない言い方がファーストクラスの言い方です。この他にも、少しダイレクトさが残りますが、
Would you leave me alone for a moment?
少しだけ1人にしていただけますか？
でも良いでしょう。

s p e n d の 面 白 表 現 ！ ！

spend, spend, spend 浪費家
Ill got, ill spent. 悪銭身に付かず。

SITUATION 79

「プレゼンテーションは期待したほどではなかったですね」と、言いたいのに…

The presentation was disappointing.

「プレゼンテーションには幻滅したね」

と、厳しく言い過ぎていませんか？

▶ EXPLANATION

disappointは「失望させる」という意味で、これを使うと、もう改善の余地もないほどひどいものに聞こえますので、ふさわしい言い方ではありませんね。以下のような時に使いましょう。

Her hopes were cruelly disappointed when the examination results became clear.
彼女の希望は試験の結果が発表になった時に、無残にも打ち砕かれた。

presentationは今や、ビジネスでは日本語のように頻繁に使われていますね。これも重要単語です。

Ms.Wyler gave a presentation of the new product.
ワイラーさんは新商品の説明をしました。

Business Class

The presentation was not up to scratch.
そのプレゼンテーションは期待通りではなかったね。
up to scratch は「期待通りで、一定の水準に達して」という意味です。ぜひ、覚えましょう。
None of the candidates came up to scratch.
どの候補者も基準に達していなかった。

First Class

The presentation fell short of expectation.
プレゼンテーションは期待したほどではなかったね。
fall short「(目標、基準、期待に) 達しない」
Sales at the bookstore have fallen short of expectation.
書店の売り上げは予想に届いていません。

役立つ表現あれこれ!!

プレゼンテーションで使える表現です。
Our products exactly fit your need.
私たちの製品はあなたのニーズに合うと思います。
What is your impression of the product?
この商品についてどのように思われますか？
The price of our product is reasonable, but the quality is the highest.
私たちの商品の価格はお手頃ですが、品質は最高級です。
This is our best-selling product.
これが当社で一番売れている商品です。

SITUATION 80

「いらっしゃれますか?」と、いらしていただきたい気持ちがいっぱいでお誘いするのに…

{ Do you want to come? }
「来たいの?」

なんて、来てほしくないように言っていませんか?

▶ EPISODE

ファーストクラスを担当させていただいたおかげで、とても素敵な思い出が増えたことは言うまでもありません。世界の著名人や、有名人の方々にサービスさせていただきました。以前、お客様が私たちのサービスにとても感動してくださり、ハワイの別荘にご招待くださいました。「カハラ」というハワイきっての高級住宅街です。お迎えの車が私たちCAの滞在ホテルまで来てくださり、大きなリムジンでその方の別荘へ…門に着いたと思ったら、お家の玄関までがまた、とても遠いこと…。夕陽が綺麗に見えるプールサイドで、皆でシェフ付きのディナーを…CAでなかったら一生あんな素敵な夕陽は見られませんでした。

Business Class

Would you like to come along?
一緒にいらっしゃれますか？
come along「やってくる、現れる、一緒に来る」
You are welcome if you would like to come.
いらしてくださったらとても嬉しいです。
という表現でも良いですね。

First Class

Would you give us the pleasure of your company?
ご一緒してくださったら私たち皆、とても嬉しいのですが…。
非常に丁寧で、相手に本当に来てほしい気持ちが伝わる表現です。companyの使い方もいろいろあります。
I really enjoyed your company.
ご一緒できて本当に嬉しかったです。
I can't bear his company.
彼と一緒にいるのは耐えられないのです。
Two's company, three's a crowd.
2人はよい連れ、3人は仲間割れ（諺）。

覚えておきたい表現!!

社交的な人を表すあれこれ。
sociable「お付き合いの上手な」
people person「人付き合いのよい人」
outgoing「外向的な」

SITUATION 81

「お気に障ることを申し上げましたでしょうか?」と、聞きたいのに…

Are you angry?
「怒ってるわけ?」

と、ケンカを売ってしまっていませんか?

▶ E P I S O D E

フライトしていると、いろいろなことが起きます。年月を重ね、人を取りまとめるポジションに就くと、自分の行動だけでなく、後輩のしたことにも責任がかかってくるのは、普通のお仕事と同じです。「インチャージ」という各クラスを取りまとめるポジションで働いていた時のことです。女性のお客様がものすごい剣幕で哺乳瓶を持ってきました。「ミルクをお願いしたのに、どういうことですか!!」。哺乳瓶に触るとものすごく冷たくて、中身の色も明らかに粉ミルクを溶かした物とは違います。お母様に「ミルク」を頼まれた新人CAは牛乳を冷たいまま入れたのです。お母様のお怒りもごもっともです。私はただひたすら、平謝りしてなんとかお許しを頂きましたが、当の本人は全然気にしていない様子。「恐るべし昨今の新人」と、妙に感心してしまった私でした。

Business Class

Is there anything that bothers you?
何かご面倒をおかけしておりますでしょうか？
遠まわしに、丁寧に聞く表現です。
bother「面倒をかける、悩ます、気を使う」
I won't bother you again.
二度とご迷惑をおかけいたしません。
Please don't bother yourself about me.
どうぞ私におかまいなく。

First Class

Have I done anything to offend you?
何かお気に障ることを、申し上げましたでしょうか？
offend「感情を害する、立腹する、傷つける」を使って相手に失礼があったかどうかを、丁寧に尋ねています。相手の気に障ることを言ってしまいそうだと思ったら、
I'm sorry if you are offended.
お気に障ったらお許しください。
と、事前に言ってから、話しましょう。
offend one's ear 耳（目）障り

覚 え て お く と 便 利 な 表 現 !!

怒った時のいろいろな表現です。
be furious「激怒する」
hit the ceiling「カンカンになる」
fly off the handle「カッとなる」

SITUATION 82

仕事の件で本音で話し合っている時に、人が入ってきたので「少しの間、席を外していただけますか?」と、言いたいのに…

Please leave the room.
「出て行ってよ」

と、誤解を招く言い方をしていませんか?

▶ EXPLANATION

今までに何度も書いたとおり、pleaseをつけてもそんなに丁寧な表現にはなりません。上記の表現では、言い方と状況では完全に命令文の感じになってしまいます。さて、上のように「本音で話す」という表現を知っていますか?

have a heart-to-heart talk 「隔意なく話す」
I had a heart-to-heart talk with my boss.
上司と腹を割って話しました。

talk turkey 「率直にものを言う」
Let's talk turkey. 率直に話そう。

let it all hang out 「気持ちをさらけだす」
Why don't you let it all hang out?
本音を言ってはどうですか?

May I be frank?
率直に言っても良いでしょうか?

Business Class

Could you leave us alone for a few minutes?
少しの間、二人にしていただけますか？
丁寧に、相手に退室を依頼しています。leaveは「去る」だけでなく、「残す、そのままにしておく」という意味でも頻繁に使われます。
Leave her alone for a while.
少しの間、彼女を放っておきなさい。
I don't like to leave matters vague.
私は物事をうやむやにするのが嫌いです。

First Class

Could you please give us a minute or two?
ちょっと席を外していただけますか？
直訳の「私たちに1、2分お時間をいただけますか？」の通り、「出て行ってください」のニュアンスよりも「少し二人にしていただけますか」のニュアンスのほうが強くなる、丁寧な依頼の仕方です。相手が「あ、気がつかなくてごめん」と、言いやすくなります。

―― 覚 え て お く と 便 利 ！ ！ ――

お願い事をする時の表現です。
I have a favor to ask you.
お願いがあるのです。
Can I bother you for a second?
ちょっとお願いしてもよろしいでしょうか？

SITUATION 83

「すみませんが通していただけますか?」と、言いたいのに…

{ **Get out of my way.**
「どいてよ」 }

と、ぶしつけに言っていませんか?

▶ E P I S O D E

機内の通路はとても狭いです。特にエコノミークラスの通路は、座席数を多く作っているので、狭くなっています。以前、これまた私のことでもないのに、お客様がご立腹されて私に延々とこんな話を…「君たちは空飛ぶホステスと同じでしょう? 銀座の一流ホステスさんたちは、皆、美しくしているじゃないか…どうして、通路で行き違えないようにまで太っているCAを、一流のJALは許してるんだい?」。確かにおっしゃる通りの先輩が同乗しておりました。とにかくお話をじっくりお聞きし、最後は、「君に言っても仕方ないんだけどね…」と、おっしゃってくださいましたが、とても考えさせられました。そう、私たちは確かにホステスの役目もあります。それならば、やはり、一流の銀座のホステスさんたちのように、美しくあるべき…と、再認識したお言葉でした。

Business Class

Is it possible to get through?
通していただいてもよろしいでしょうか？
Is it possible to 〜?「〜させていただけますでしょうか？」の表現で、丁寧で品のある言い方になっていますね。
get through「通り抜ける、切り抜ける、(仕事を) 終える、電話が通じる」

Mr. Adams got through the worst part of the dangerous illness.
アダムス氏は、その重病の一番危険な部分を切り抜けました。

It was a difficult job, but I got through it in two days.
難しい仕事でしたが、2日でやり終えました。

I couldn't get through to Canada.
カナダへの電話が通じませんでした。

First Class

Excuse me, could you let me pass?
申し訳ありませんが、通していただけますか？
pass「通過する、暮らす、及第する、無事に済む」にも頻出のイディオムがあります。
pass around 〜を順々に回す
pass by on the other side of〜 〜を見捨てる、〜に同情しない
bring 〜 to pass 〜を成し遂げる、引き起こす
head 〜 off at the pass 〜に先んじる

SITUATION 84

オフィスで私用電話をしている人に「私用電話はお控えください」と、言いたいのに…

Don't make private calls.

「私用電話してるんじゃないわよ!」

と、オフィスの嫌われ者になるような言い方をしていませんか?

▶ EPISODE

私がCAの頃、国際線の一番長いフライトのパターンは10日間でした。成田のオペレーションセンターの中のカフェでは、恋人と名残を惜しむCAたちが私用電話に花を咲かせていたりします。それでも、私たち日本人CAはせいぜい「帰ってくるまで、忘れないでね」くらいですが、これが外国人CA（特にヨーロッパ人CA）になると、何度も何度も "I love you. I miss you." を繰り返しています。お国柄なのでしょうか…彼女たちは自分たちの気持ちに本当にストレートな表現をします。それでも、一歩、空港に出ると顔つきがキリッとなり、「お仕事モード全開」になるのですから、やはりCAは万国共通、女優なのかもしれませんね。

Business Class

Non-business calls are not permitted from the office.
オフィスからの仕事以外の電話は許可されていません。
このように、禁止を表さなくてはいけない時には、曖昧な表現は逆に良くありませんので、明確に、事実だけを言うのが良いでしょう。
permit「許す、可能にする」
Smoking is not permitted in this room.
この部屋での喫煙は許可されていません。

First Class

Only company-related calls can be made from the office.
業務関係の電話のみオフィスからかけてもよいことになっています。
これもはっきりと、事柄だけを述べていて良いです。日本人ははっきりと物を言うのが苦手ですが、欧米人には日本人の「言わなくても分かってくれるだろう」は絶対に通用しません。そのような期待をすると、毎日がっかりする羽目になりますので、くれぐれも、言うべきことははっきりと言いましょう（もちろん、失礼のないように…）。

SITUATION 85

昨夜の懇親会の様子を聞かれて、期待外れで「退屈しました」と、言いたいのに…

I was boring.
「私はつまらない人間です」

なんて、聞かれてもいないことを答えていませんか?

▶ EXPLANATION

boringは「(人)を退屈させる(うんざりさせる)」という意味ですので、上記の表現は間違っています。例えば、
boring movie 退屈な映画
His speech was terribly boring.
彼の話は実に退屈でした。
のような場合に、boringは使います。自分で自分を退屈な人間だとは、普通言いませんよね? 同様にtiringも、"I'm tiring." とすると「私は他人を疲れさせる人間です」となり、不自然です。「tiring day(疲れた一日)」などと使いましょう。interestingも同じです。"I'm interesting." は「私は興味深い人間です」となり、意味が通りません。「interesting book(面白い本)」のように名詞を修飾しましょう。

Business Class

I was bored.
退屈しました。
これが正解の表現です。
I was bored with her complaints.
彼女の愚痴にはうんざりしました。

First Class

I wasn't overly interested in it.
あまり楽しくなかったですね。
overly「過度に、あまりに」を上手に使った表現です。面白かった人もいるかもしれないので、少しぼかす言い方が適しています。
I wasn't overly impressed with that movie.
その映画はさほど印象に残らなかったです。

覚 え て お く と よ い 表 現 !!

meet one's expectations　期待通り
The result met my expectations.
その結果は私の期待通りでした。
cut the mustard　期待に添う
Ms.Flory couldn't cut the mustard.
フローリーさんは期待にこたえることができませんでした。
look forward to 〜 ing　〜を楽しみにして待つ
I am looking forward to seeing you tomorrow.
明日お会いできるのを楽しみにしております。

SITUATION 86

「ハリスさんはお亡くなりになりました」と言いたいのに…

Mr. Harris died.
「ハリスさんが死んだってさ」

と、常識外れの言い方をしていませんか？

▶ EXPLANATION

英語は実はダイレクトに何でも言ってしまう言語だという誤解は解けてきたでしょうか？　今回の、この表現も、非常にデリケートな話題ですので、くれぐれも上記のような言葉遣いはしないようにしましょう。「死」にもいろいろな表現があります。不慮の事故や災害などで死ぬ場合はperishを使います。
They perished in the flames.
彼らは焼け死んだ。
commit suicide　自殺する
He failed in his attempt to commit suicide.
彼は自殺を図ったが失敗に終わった。
be killed in a traffic accident　交通事故で亡くなる
be killed in war　戦争で亡くなる

Business Class

Mr. Harris passed away.
ハリスさんはお亡くなりになりました。
これが一番一般的に使われる表現です。

First Class

Mr. Harris passed on.
ハリスさんはお亡くなりになりました。
これは日本人にはあまり馴染みがないようですが、ネイティブはよく使います。他にも、
Mr. Harris is no longer with us.
ハリスさんは他界されました。
と、言っても良いですが、もし、会社にかかってきた電話の相手に、ハリスさんが亡くなったことを伝えたい状況ならば、この表現だと、相手に「ハリスさんは会社を辞めました」という意味に取られがちなので、使わないようにしましょう。

覚えておきたい表現!!

悲しくて泣く時の表現です。
sob すすり泣く
I sobbed with grief.
悲しくてむせび泣いた。
weep しくしく泣く
She wept over her misfortunes.
彼女は不運を嘆き悲しんだ。

SITUATION 87

「それは私の好みではありません」と言いたいのに…

{ **I don't like it.**
「私はそれがき・ら・い」 }

と、幼稚っぽく言っていませんか？

▶ E P I S O D E

人の好みはそれぞれ（One man's meat is another man's poison.）ですね。航空会社の好み（!?）もさまざまなようで、私が現役の頃は、JAL、ANA、JASが3大航空会社で、よく入社試験の対策などで「あなたはJAL顔ね」とか「あなたはANA向きね」とか言われていました。「JAL顔」ってどんな顔だと、思われますか？ 私にもはっきりとは分かりませんが、よくお客様がおっしゃっていたのは「JALはしっかり顔」「ANAは隣のお姉さん的な親しみやすい顔」でした。昔は「JALのCAはお高くとまっている」と、あちこちで言われていましたが、実際はそんなことはないんですよ…私のように大ボケお笑いキャラもいますから…ただ、きっとあの制服を着ると使命感に包まれて、「しっかり顔」に見えてしまうのです。皆、JALのCAも気さくで親しみやすいですよ。

Business Class

It's not my taste.
それは私の好みではありません。
tasteは動詞の「味わう」の意味以外に名詞の「味、センス、品、趣味、好み」などの意味があります。

It is a matter of artistic taste.
それは芸術的センスの問題です。

This suits my taste the best.
これは私の趣味に一番合います。

First Class

It wouldn't be my preference.
それは私の好みではありません。
preference「選択、好み、好物、優先権」を使うことによって、より洗練された言い方になっています。

Of the two, my decided preference is for jazz music.
私は断然、ジャズのほうが好きです。

Mr. Mead told me that he had no strong preference.
ミードさんは私に特に好みはないと言いました。

知っておくと便利な表現!!

好みに関する表現です。
prefer A to B　BよりAのほうが好き

I prefer margarine to butter.
バターよりもマーガリンのほうが好きです。

There's no accounting for tastes.
蓼(たで)食う虫も好き好き（諺）。

SITUATION 88

すぐに準備をしますので「少々お待ちいただいてもよろしいでしょうか?」と、聞きたいのに…

> **Wait, please.**
> 「待ってよ!」

と、なれなれしく言っていませんか?

▶ EPISODE

お客様のバッドコメントの中で多かったのは、「お待たせしたことへの苦情」です。何かを頼んでから、5分待たされると、人は「かなり待たされた」と、感じるそうです。特にお酒を注文されてお待ちになっているお客様は、他のお客様よりも時計の針の進みが速いようで、こちらも焦るのですが…いつだったか、エコノミークラスで、男性のお客様ばかりで、ビールもウイスキーも全部空になってしまうようなフライトがありました。お客様たちもかなり酔っておられて、名札を見て「荒井ちゃーん、まだ〜?」などとおっしゃる方も…こういうフライトの時は「銀座のホステスさん」ではなく「居酒屋のお姉さん」になるしかなく、元気いっぱいに「お待たせいたしましたー」と、言ったものです。TPOに合わせた接客…とでも言うのでしょうか。

Business Class

It won't be a minute.
すぐにご用意できます。
もう１分もお待たせしませんという感じが出ていますね。
ネイティブがよく使っています。
minuteのイディオムも覚えましょう。
at any minute　今すぐにも
at the last minute　土壇場になって
at the minute　現時点で
by the minute　刻一刻と
within minute　すぐあとで
Every minute counts.　一秒を争う

First Class

Do you think you could wait a few minutes?
２、３分待っていただけませんでしょうか？
Do you think と could を使うことによって、非常に丁寧な依頼の文章が出来上がっています。ぜひ、お待たせする時にはこのくらいの品のある話し方をしてください。

こんな表現も…

待たされてイライラした時の表現。
get irritated　～イライラする
drive ～ crazy　～を怒らせる
get under someone's skin　～を怒らせる
give ～ a pain in the neck　～（人）をうんざりさせる

SITUATION 89

「その本はすばらしくて、読む価値がありました」と、真剣に褒めたいのに…

{ **The book was good.** }
「その本はよかったな〜」

と、あまり真実味のない軽い言い方をしていませんか？

▶ EXPLANATION

good はもちろん「良い」という意味なのですが、あまり「すごくいい！」という感じがしないのが、ネイティブの感覚だそうです。いつもgoodではなくて、もっと違った褒め言葉の表現を持っておきましょう。

It's awesome!
That's great.
That's brilliant.
That's incredible!
That's fantastic.

これらはすべて、「すばらしい」と言う表現ですが、本当にびっくりするほどすばらしいのならば、これらの表現の前に "Really?" や "Wow" などを付けて、驚きを表しましょう。そのほうが言われた相手も、喜びます。

Business Class

The book was definitely worth reading.
その本はものすごく読む価値がありました。
worth「〜する価値がある」はビジネスで上手に使いたい単語のひとつです。この一語で、ただのgoodよりもずっと洗練された表現になります。
A bird in the hand is worth two in the bush.
掌中の一羽は藪の中の二羽の価値がある／明日の百より今日の五十（諺）。
Whatever is worth doing at all is worth doing well.
少しでもやってみる価値のあるものなら立派にやるだけの価値はある。

First Class

I found the book totally absorbing.
その本に完全に夢中になってしまいましたよ。
「すばらしい」を「夢中になる」という言葉に換えることで、どれほど良い本だったかが分かりますね。find「〜だと分かる」の使い方が、英語の慣れている人らしいです。その上absorbing「夢中にさせる、興味のつきない」を使うことでより洗練された感じが出ます。
Love is absorbing.
恋は人を夢中にさせる。
This is an extremely absorbing novel to me.
これは私をとても夢中にさせる小説です。

SITUATION 90

「私は広告代理店を経営しています」
と、言いたいのに…

> # I opened the advertising agency.
> 「私は広告代理店を始めました」

と、なんだかちょっと違う言い方を
していませんか?

▶ EXPLANATION

openには「開業する、開始する、開発する」などの意味がありますが、上記の場合は、「経営している」ことを言いたいので、openはふさわしくありませんね。以下のようなopenの使い方を覚えましょう。

The bank will be formally opened the day after tomorrow.
その銀行は明後日開行式をします。

When did this business open up?
このお仕事はいつ始まったのですか?

This road will be opened to traffic next week.
この道路は来週開通します。

I would like to open with a question to the President.
まず大統領に最初に質問したいのですが…。

Business Class

I keep my own advertising company.
私は広告代理店を経営しています。
keepの「経営する」という意味をいかした表現で、良い経営状態で運営できている感じも表れていますね。
advertising「広告をするという活動」
advertisement「広告のための物」の違いを覚えておきましょう。
advertising media 広告媒体
advertising effectiveness 広告効果
run an advertisement 広告を出す

First Class

I run my advertising agency.
私は広告代理店を経営しています。
runは「経営する」以外にも「担当する、及ぶ」などの意味もあり、いろいろな場面で使われます。
Prices run from cheap one to expensive.
価格は安いものもあれば非常に高いものもあります。
The lease has still two years to run.
賃貸契約はまだ2年有効期間があります。

知っておくと便利！！

advertise 宣伝する（お金をかける…）
publicize 宣伝する（ほとんどお金はかからない）
この違いは知っておくとよいです。

COLUMN 3

CAは知っている「手間とシートクラスの法則」

フライトをしていると、面白い法則性があることに気がつきました。と、言いますか、CAが皆、口を揃えて言うことなのですが…「座席のお値段の高さと手がかからないことは反比例する」。つまりファーストクラスに乗る方々ほど、CAの手を煩わせないお客様が多いのです。乗り慣れていらっしゃるせいもあるでしょうが、この現象は本当に面白いものでした。

ファーストクラスのお客様たちの中には、フライト中ただ眠るだけの方もいらっしゃいました。それに比べ

て、エコノミークラスは本当にさまざまな要求があり、現役時代は「もう、勘弁して〜」とつぶやくことが多かったです（その頃ツイッターがあったら、毎日つぶやいていたでしょう…笑）。

エコノミークラスのお客様たちの期待度が高いのが、お飲み物とお食事。ビールなどご希望の銘柄がないと、「絶対にアサヒじゃないと嫌だ。ビジネスクラスから探して来い」と、子どものようなわがままをおっしゃる方や、ここは空飛ぶクラブではないのに「今日は空いてるから隣に座ってお酌してよ」と甘えてくるお客様。

私たちはイタリアンのシェフでもないのに「パスタ、アルデンテに茹で直してよー」とおっしゃる金髪ガングロメイクのお嬢様（機内食はレディメイドですので、エコノミークラスは温めるだけとなっております）。お食事のチョイスで和食が切れると「和食以外は食べない」と言い張る、60代近い男性。

でも、これらの方々、皆さん、JALだからこそこんなことをおっしゃっていたらしいのです。外資系航空会社に勤務する知人に聞くと、外資系航空会社では日本人はとーっても大人しいのだそうです。なぜだかお分かりですね？　日本語が通じないから…つまり要求を英語で言えないからなのです。

でも、そんなお客様方も、この「ファーストクラスの英会話」で、英語力を磨いて、次のフライトでは外資系航空会社の機内でも上品に要求できるようになるかもしれませんね。

本書は祥伝社黄金文庫のために書き下ろされました。

音声ダウンロードサービスについて

この度は荒井弥栄著『ビジネスで信頼されるファーストクラスの英会話』をお買い上げいただき、ありがとうございます。
著者本人が本書を朗読した、音声ファイルをご用意いたしました。
お持ちのパソコンやMP3プレーヤーでお楽しみください。
ダウンロードは、以下の手順でお願いいたします。

❶ 祥伝社のホームページを開いてください。
http://www.shodensha.co.jp/index.html
❷『ビジネスで信頼されるファーストクラスの英会話』のダウンロードのバナーをクリックしてください。音声サービスは他にもありますので、まちがえないようにご注意ください。
❸ パスワード入力画面に、下記のパスワードを入力してください（半角英数です）。

2010first

❹ ダウンロード画面に切り替わります。
❺ ダウンロード画面の右端にある「音声ファイルダウンロード」のバナーをクリックして「対象をファイルに保存」を選んでください。

一〇〇字書評

ビジネスで信頼されるファーストクラスの英会話

切り取り線

購買動機（新聞、雑誌名を記入するか、あるいは○をつけてください）	
□ ( ) の広告を見て	
□ ( ) の書評を見て	
□ 知人のすすめで	□ タイトルに惹かれて
□ カバーがよかったから	□ 内容が面白そうだから
□ 好きな作家だから	□ 好きな分野の本だから

●最近、最も感銘を受けた作品名をお書きください

●あなたのお好きな作家名をお書きください

●その他、ご要望がありましたらお書きください

住所	〒				
氏名			職業		年齢
新刊情報等のパソコンメール配信を 希望する・しない		Ｅメール	※携帯には配信できません		

あなたにお願い

この本の感想を、編集部までお寄せいただけたらありがたく存じます。今後の企画の参考にさせていただきます。Eメールでも結構です。

いただいた「一〇〇字書評」は、新聞・雑誌等に紹介させていただくことがあります。その場合はお礼として特製図書カードを差し上げます。

前ページの原稿用紙に書評をお書きの上、切り取り、左記までお送り下さい。宛先の住所は不要です。

なお、ご記入いただいたお名前、ご住所等は、書評紹介の事前了解、謝礼のお届けのためだけに利用し、そのほかの目的のために利用することはありません。

〒一〇一-八七〇一
祥伝社黄金文庫編集長　吉田浩行
☎〇三（三二六五）二〇八四
ohgon@shodensha.co.jp
祥伝社ホームページの「ブックレビュー」
http://www.shodensha.co.jp/
bookreview/
からも、書けるようになりました。

祥伝社黄金文庫

ビジネスで信頼されるファーストクラスの英会話

平成 22 年 9 月 5 日　初版第 1 刷発行
平成 25 年 9 月 10 日　　　第 4 刷発行

著　者	荒井弥栄
発行者	竹内和芳
発行所	祥伝社

〒101-8701
東京都千代田区神田神保町 3-3
電話　03 (3265) 2084 (編集部)
電話　03 (3265) 2081 (販売部)
電話　03 (3265) 3622 (業務部)
http://www.shodensha.co.jp/

印刷所	堀内印刷
製本所	ナショナル製本

本書の無断複写は著作権法上での例外を除き禁じられています。また、代行業者など購入者以外の第三者による電子データ化及び電子書籍化は、たとえ個人や家庭内での利用でも著作権法違反です。
造本には十分注意しておりますが、万一、落丁・乱丁などの不良品がありましたら、「業務部」あてにお送り下さい。送料小社負担にてお取り替えいたします。ただし、古書店で購入されたものについてはお取り替え出来ません。

Printed in Japan　Ⓒ 2010, Yae Arai　ISBN978-4-396-31521-4 C0182

祥伝社黄金文庫

中村澄子　新TOEIC®テスト スコアアップ135のヒント

最強のTOEICテスト攻略法。基本から直前・当日対策まで、最も効率的な勉強法はコレだ！

中村澄子　1日1分レッスン！ 新TOEIC®TEST 千本ノック！3

カリスマ講師・中村澄子が出題傾向を徹底分析。解いた数だけ点数アップする即効問題、厳選150問。

シグリッド・H・響　アメリカの子供はどう英語を覚えるか

アメリカ人の子供も英語を間違えながら覚えていく。子供に戻った気分で、気楽にどうぞ。

志緒野マリ　たった3ヵ月で英語の達人

留学経験なし、英語専攻でもなし。たった3カ月の受験勉強で通訳ガイドになった著者の体験的速習法。

石田健　1日1分！ 英字新聞エクスプレス2

TOEICテスト、就職試験対策にも最適！ チェックテストであなたの理解度がわかる！

斎藤兆史　日本人に一番合った英語学習法

話せない、読めないと英語に悩む現代人が手本とすべき、先人たちの「学びの知恵」を探る！